「ニセの自分」で生きています

心理学から考える虚栄心

稲垣智則　著

明石書店

はじめに

はじめまして。稲垣智則と申します。普段は大学の教職課程で「教育心理学」や「教育相談」の授業を受け持っております。臨床心理士と公認心理師の資格を持っていて、かつてはスクールカウンセラーや教育相談所でのカウンセラーなどをしておりました。大学における私の所属は学部・学科ではなく、中学・高校の教員を養成する「センター」ですので、ゼミを持っているわけではありません。卒業論文を指導するわけでもありません。そして、カウンセラーとして働いているわけでもありません。

こうなってくると、私は一体何者なのか、よくわからなくなってくるのです。日本では自己紹介をするときに「職業」を伝えるのがならわしではあります。では、私は「大学教員の稲垣です」と言えばいいのか。そう言うしかないのでそう言っておりますが、それが私の本質なのかどうかもよくわかりません。いわゆる大学教員としては一般的な、卒論指導やゼミをしていないのです。確かに私は論文「らしきもの」を書いたりはしております。結構頑張って、ユング心理学をベースにしながら博士論文を書いたこともありました。しかし、「研究者」と言うのもおこがましい感じになってしまうのです。論文を書くことが不得意で、博士後期課程を満期退学してから15年近くかかってようやく博士論文ができあがったレベルなのです。では、臨床心理士とか公認心理師という資格を前面に出せばよいのでしょうか。そんなことをいっても、今、カウンセラーをメインとしているわけではありません。しかも、臨床心理士の試験では「面接で」一度落ちております。面接をする仕事であるにもかかわらず。

どうしたものか。私は自己紹介すらまともにできないのです。

では、趣味的な活動から自己紹介をしてみるのはどうでしょうか。プラモデルが好きで、ごくまれに作曲活動をして、テレビゲームが好きで、カメラが好きで写真を撮る、そういう人間です、と言ってみてはどうでしょう。それはあり得ます。私の作ったプラモデルや私が撮った写真をお見せして、私が作った曲をお聞かせするという方法もあります。確かにそちらの方が、私の肩書より私のことがストレートにあらわれているようにも思います。

しかしそれが「本当の私」なのかというと、これも首を傾げてしまいます。

ならば「本当の私」とは何でしょうか？　そもそも「本当の」というのがよくわかりません。「本当の私」というからには「ニセの私」というものがあるはずです。仕方がないから「ニセの私」の方から攻めていったらどうだろう、と思ったのでした。

それは新型コロナの影響が色濃く、大学は遠隔授業まっさかりの時期でした。卒論指導もゼミもない大学教員として、唯一大学教員らしい仕事である「対面授業」すら剥奪され、私自身が何者なのかわけがわからなくなっていました。そんな中でエッセイを書きはじめてみると、「ニセの私」について紐解いていくものになりました。

第1章では、「カッコつけるときの自分」について、第2章では「他者の思惑」を考えすぎてしまうことについて記しております。これらは「他者に対して着飾ること」にまつわる部分です。それらをふまえ、第3章では「わたし」とは何者か、つまりアイデンティティについて考えます。また、アイデンティティについて掘り下げると仕事と自分という側面が出てきますので、第4章では「仕事」について取り上げます。そして、私たちは言語という一種のフィルターを通して世界を把握し、それに基づいて様々なことを判断しております。「自分」を把握する際にも同様です。そのため第5章では、世界を見る際の「フィルター」について考えます。第6章では、具体的な行動面から「ニセの私」が肥大化していかないようにすることも大事ではないか、という視点に立って、汚物のような言葉、つまり悪口について考えます。ここで少し視点を変え、第7章では「ペルソナ＝仮面」について考えます。第8章では、現代に生きる中で、「自分」というものについて考えることを強いられる「退屈」と、それを「刺激」でごまかす様子について掘り下げます。その上で、私たちが「一体、何から切り離されてしまったのか」について考えます。

これはあくまで私なりに、ニセの自分とは何かを掘り進めていった記録です。かなり「青臭い」テーマです。しかし、大学生には参考になるかもしれないという考えがあります。また、青少年に向けて教育活動を行う方々、そして親御さんたちにも参考になれば、と考えております。

◉目次

第1章

「いつもの自分」と「架空の自分」

「カッコいいオレ」

朝、小学4年生の子どもの寝ぐせを直すために、妻が寝ぐせ直しを吹きかけながら言う。

「ほら。もうちょっと、カッコよくしてた方がいいんだって」

「寝ぐせは直した方がいいけど、別にカッコよくなくていいよ。カッコよくしてたとして、それを好きになってくれた人がいたら、その人は、オレがカッコよくなくなったら、好きじゃなくなっちゃうじゃん。だから、いつものままでいい」

私は子どもの発言に衝撃を受けた。そのとおりだったからである。

コロナの状況下で、私は「虚栄心」について繰り返し考え続けていた。今まで、大学が長期の休みに入るといつも感じていた空虚感。大勢の前でしゃべり、注目されていないと生きている実感が持てなかったことについて、私は繰り返し考えていた。しかし「コロナ禍」では、その長期休み的な状態が延々と続いたのである。今まで以上にそのことに向き合わざるを得なくなる。

私にとっての「いつもの自分」とは一体何だったのか。「生きている実感」というものは何に根ざしているものだったのか。「いつもの自分」や「カッコつけた自分」は、私自身の性質を覆い隠すために、私自身をダマすために、「向き合っている」と思い込むために作られた虚像だったのではないか。「生きている実感」だと思っていたものがそもそもズレていたのではないか。

子どもの発言は、もちろん人生哲学を語ったものではない。寝ぐせについてのことなのである。しかし、いつもの自分ではない自分を装うのであれば、それは「他者に対して何か印象を残そうとするため」ということになる。「カッコつける」ということと「身だしなみ」は違う。たとえば結婚式会場で、一人で家にいるときのようにあぐらをかいてタブレット端末をいじりながら食事をするわけにはいかない。身だしなみは礼節である。子どもだって「寝ぐせは直した方がいい」と言っている。寝ぐせを直すことは礼節の範囲である。しかし礼節を超えて「カッコつける」となると話が変わってくる。それは「いつもの自分」ではない過剰なものである。「カッコつける」ことは、極端にいえば、他者をダマすためだ。

「いつもの自分」は見たくない

「コロナ禍」にあって外出自粛やリモートワークが増えた状況で一体何が起こったのか。大きな変化は、他者と直接触れる機会が激減したことであった。そこで、「他者は鏡」という比喩を考えてみたい。

物理的な鏡が一切ない家を想像しよう。その中に閉じ込められているとする。自分の顔をうつすものは何一つない。その中で1年過ごす。2年過ごす。自分の顔は手で触るだけである。さて、自分はどのような顔をしているのだろうか。手で触った感触から想像するしかない。実際以上に想定したり、実際以下に想定したりする。フィードバックがないから仕方ない。

次に、家の中に鏡があって、そこにうつる自分だけを見て過ごしている状態を想像してみよう。外出はしない。鏡に顔がうつることをあらかじめ想定した状態で気持ちの準備をしている。その上でうつっているから、想定外の表情はしていない。証明写真を撮影するときにある種の「キメ顔」を作っているようなものだ。見たい角度から、見たいように見て、見たくないところはあまり見ないようにしている。「キメ顔」が、自分の「ほんとうの顔」だと思っている。

最後に家の中に設置されている監視カメラで、思いもよらない場所から「いつもの自分」が隠し撮りされていたとする。そこにうつっている姿、表情は「キメ顔」とは異なる。準備ができていない、「ダサい」自分がうつっている。しかし、実際には、その姿こそが他者が見ているあなたの姿である。

私は自分の「キメ顔」の写真を見ることは恥ずかしくない。不意に撮影された写真を見る方が恥ずかしい。しかし他人の写真を見る場合には、むしろ「キメ顔」をしている写真を見る方が恥ずかしくなる。不思議なものだ。

物理的な鏡の前で、うつった姿を見る。そこで見ている自分の顔は、コントロール下に置かれ、すました表情をしている。自分自身に見せたい表情をしている。それは想定内の表情なのだ。しかし隠し撮りされていた自分の表情や仕草は自分向けにコントロールされていない。「いつもの自分」とはむしろ、そのコントロールされていない状態の方である。そして、多くの他者は、そのあなたを見ている。

これは、ジョージ・ハーバート・ミードによる自我の考え方とほぼ同様の内容だ。

人が他人に向けて語ったことに反応するところ、その彼自身の反応が彼の行為の一部になるところ、彼が自分自身を聞くだけでなく、彼自身に反応し、他人が彼に応答するのと全く同じように、彼自身に話しかけ、応答するところでは、われわれは、個人がそのなかで自らにとっての対象になるような行動をもつのである。（…中略…）自分自身にたいして対象になれるものとしての自我は、本質的に社会構造であり、それは社会的経験のなかに生じる。

（G・H・ミード『「デューイ＝ミード著作集6」精神・自我・社会』174－175頁）

人は不可避的に聴衆を捜し求め、誰かに向かって自分を吐露しなければならない。反省的知性のなかで、人は行動しよう、単独で行動しようと考えるが、それは、この行動が依然として社会過程の一部だからである。思考が、社会的行動にとっての準備になる。もちろん、思考の過程そのものが、単に進行中の内的会話にすぎないが、それは、人がその考えを聴衆に対して表現するのを、最終的には含んでいるジェスチャー会話なのである。

（同前 176－177頁）

「社会過程」、つまり他者との具体的なやりとりの中で、はじめて「わたし」というものが立ち現れる。その「社会過程」が具体的ではなく、ほとんどが「内的会話」になってしまったらどうだろうか。

> われわれが「コミュニケーション」と名づけるものの重要性は、それが、有機体または個人が彼自身にとって対象になるような行動の形態を提供するという事実によるものである。（同前　174頁）

対象としての自分自身が「ぼんやり」してしまうのである。

おそらく、外出自粛によって強制的に、私は自分の「キメ顔」ばかりを見続けることになり、実際に他人からどのように感じられているのか、そのフィードバックが得られなくなっていた。他者と触れ合う機会が減少するということは、適切なフィードバックをしてくれる「対人関係の鏡」との接触が減ったことを意味している。

通常ならば、何らかの発言、何らかの行動を行えば、それに対する他者からのフィードバックがある。はっきりとした言葉でなくとも構わない。にっこり微笑まれることであったり、笑いが起こることであったり、避けられることであっても、フィードバックである。多くの他者と触れ合えば、自分が思いもよらない角度から観察され、思いもよらないタイミングでフィードバックされる。しかし、私に「気を遣う」人のみと接していれば、フィードバックパターンは限られてしまう。お世辞を言う人しか周囲にいないのであれば、それは「美しく見える鏡」しかない状態になる。そういう意味では、外出自粛に限らず、自分の姿を正確にとらえることができなくなる環境はいくらでもあり得る。ただ、今は、物理的に外出が禁じられた状態で家の中に閉じこもり、他者とのやりとりがネットをメインとするような環境のことを考えたい。

「キメ顔」コミュニケーション

ＳＮＳ上でも他者とやりとりできるではないか、という意見はあるだろう。ＳＮＳでは「自撮り写真」を多くアップロードすることにもあらわれるように、そこに記す文章も、動画も、いわば「キメ顔」であることが多くなる。「他者からこう思われたい」という理想像を示すことが多くなる。隠し撮りされ、不意を突かれたような「いつもの自分」をさらけ出しているわけではない。

ＳＮＳではなく、ブログやホームページであっても構わない。自分自身のことを提示するタイプの人ならば、基本的には「自分が見て欲しい自分」を演出しようとする。意識的に行う場合もあるだろうが、無意識的に行われていることも多い。たとえば、「最近あったうれしかったこと」は記すが、「恥をかいたこと」は記さない。失敗があったとしても、それを「反省して前を向いて進む」様子は記すが、「ズルをしたこと」は記さない。少なくとも、私だったらそうする。わざわざ「恥をかいたこと」を公表することはないし、「ズルをしたこと」をさらす必要はない。

一つひとつの記事を書いている際には気がついているかもしれない。しかし、１年前の自分の記事を読んで、細かな気持ちの動きをどこまで思い出せるだろう。このように、ある意味で一面的な記事ばかりが残っていく。「日常生活が充実している」ようなものが並ぶ。それを見た他者は「ああ、この人は日常生活が充実しているのだな」という印象を持つかもしれないが、過去の記事を一覧で見た自分自身だって、そのように思ってしまうことがある。

それは、過剰でなければ不健康なことではない。先にも記したが、礼節というものがある。あまりにネガティブに、自らの暗部や恥部をさらすのは露悪的である。この文章だって、わざわざ「恥をかいたこと」を書いていないし、「ズルをしたこと」も記していない。「うまくいっている部分」が主に記される。「失敗したこと」が記されるとしても、それを糧として成功につながるようなものが選ばれる。ネガティブな自分をさらすとしても、「ネガティブな自分をさらす勇気がある自分」という、ひねくれた自慢のようなものも関わってくる。他者に読まれることが前提なのだから、装う。それは「寝ぐせを直す」ことと同等の、ある種の礼節である。しかし、常に礼節の範囲に収まっているかというとその判断は難しい。いくら注意していても、意識していない部分で「キメ顔」を作っている。無意識のうちに「日常生活が充実しているというアピール」になってしまうことがある。

ネット上で用いるやりとりを整理しよう。ネット上で何らかの文章を記して公開するということは、いわば「出版」なのである。ネットが発展していなかった頃は、自分が表現したいものは自費出版するしかなかった。数十万の初期投資をし、印刷して製本し、販売する場所に置き、お客に現物を手にとってもらわなければならなかった。しかし今は、デバイスとネット環境と知識さえあれば、たとえそれが「売れない」ものであったとしても、「出版」することができる。それがホームページ、ブログ、ＳＮＳと、徐々にハードルが下がり、手軽になってきたということだ。とはいえ、たとえ手軽になったとしても、基本的に出版であるという基本構造は変わらない。だからこそ、出版物の場合と同様に、他者の名誉を毀損するような内容、犯罪の記録、侮辱などは刑罰の対象となる。

YouTubeなどの動画サービスの場合はテレビ放送である。かつて自分の動く姿やしゃべりたいことを映像として公共の電波にのせようとする場合にはかなりのハードルがあった。テレビ局に相手にされないことの方が明らかに多かっただろう。しかし今は、誰でもすぐに「放送」をはじめることができる。こちらも出版物と同様、名誉毀損や侮辱が行われると犯罪になる。

メールの場合は、その原義の通り手紙である。不特定多数に公開しているわけではないが、少なくとも相手側に書面が残る。チャットの場合も、双方に記録が残る点では手紙に近い。メーリングリストやグループチャットとなると、これは回覧板のようなものである。閲覧可能な人数が増えるに従って、より繊細な「礼節」が必要になってくる。当然、侮辱や名誉毀損は回避する必要がある。回覧板に他者の悪口を書いて回すことなど御法度であろう。

公共の場で他者を貶めてはならない。自分なら構わないとばかりに自己卑下をする場合もあるだろうが、他者に人権を認めるのなら、自分自身にも人権を認めた方がいい。ある意味では、自分自身だって人間なのである。他者に対するように礼節をわきまえる必要も出てくる。わざわざ公共の場で自分自身を貶める必要はない。だから、ＳＮＳ上で「寝ぐせを直した自分」を見せるのは礼節としても適切ではある。ただ問題は、知らないうちに「キメ顔」になっていて、「カッコつけた自分」が提示されはじめることである。

本人が気づかないうちに「カッコつけた自分」ばかりが前面に出はじめていたとしても、通常は、実際の対人関係の中でフィードバックがあるために、行きすぎた部分が補正されることがある。しかし家に軟禁された状態で、しかもネット上でのやりとり「だけ」になってしまうと、その補正が難しくなる。パソコンやスマホだけのやりとりというのは、ネットがない時代に「家にひきこもって、日記を書き、回覧板を読み、手紙のやりとりをしているだけで過ごしている」ような状態なのである。他者の目が多い実生活の中でなら、「不意をつかれた、カッコつけていない自分」がさらされており、その「いつもの自分」に対して、他者からのフィードバックがある。ある部分で、バランスが保たれる。軟禁状態だと、その「いつもの自分」に対するフィードバックがなくなってしまう。

「外出自粛」と「不登校・ひきこもり」における形態の相似

外出自粛というのは、他者からのフィードバックが激減した状況に強制的に置かれることでもある。いくらZOOMやスカイプがあったとしても、やはり「あらかじめ用意した、カッコいい自分」をアピールする方向に寄ってしまう。鏡越しにしゃべってしまう。リモート通話の場合、「ミラーリング」という形で、自分自身の姿が「鏡うつし」の状態で表示され続けるが、これはとても象徴的である。

リモートでのミーティングの際に自分がしゃべるとき、あなたはどの画面を見ているだろうか。私は多くの人が一気にうつるように設定しているが、それでも私はしゃべっている自分の姿をチラチラと見てしまう。通常の対面型会議の場合にはあり得ない。これではまさに、鏡で自分の「キメ顔」を見続けながらしゃべっているようなものではないか。他者の目を意識していない、不意の行動をさらし続ける日常生活とは随分異なる。

このような「軟禁」状態は「不登校・ひきこもり」の環境と限りなく近い。「コロナ禍」において外出自粛を余儀なくされた際に苦痛を感じた人は、「不登校・ひきこもり」の状態にある人々もまた、同じような苦しさを感じていたと想像していい。それほど大きくズレてはいないだろう。

かつて私はスクールカウンセラーとして10年働いていた。教育相談所で不登校の児童生徒の相談業務も数年間行っていた。それほど膨大な数ではないものの、不登校・ひきこもりと呼称される方々と接してきた。家庭訪問にも行き、保護者面接も行った。その際に感じたのは、彼らの生活様式は、私自身が大学生・大学院生のときに行っていた「ひきこもった」生活様式と似通っているということだった。そのことで私が、「不登校・ひきこもり」的な性質を強く持っている人間であるということに強く気づかされた。

大学生・大学院生の頃の自分を振り返ると、「いつもの自分」というものをうまくつかめていなかった。「カッコいいオレ」をキープしようという気持ちが強く、それがインフレを起こし、不意をつかれたときにさらしている自分を見せないように必死になっていたことに気がつく。そして自己嫌悪が強くなっていき、悪循環に入ってしまう。私が接した「不登校・ひきこもり」の方々が私とまったく同じであるとは思わない。しかし、「同じようなこと」が起こっていてもおかしくない。それが彼らを理解する上で大きな手がかりになることも多かった。

強盗だけをしおらしく白状する

過剰なものをまとって「カッコつける」のは他者をダマすためだけだろうか。おそらく、それは同時に自分自身をダマすためでもある。自分自身を、「(実際以上に)カッコいい」と思い込ませようとしている。これが「自己嫌悪」と関係があるというのは、もしかしたら不思議に感じられるかもしれない。自分自身を「カッコいい」と思い込ませることができているのであれば、自分を嫌悪する必要などないではないか。少しキツい表現ではあるが、以下に的を射ている岸田秀の解説があるので引用したい。

「嫌悪される自分」とは、まがうことなき現実の自分である。(…中略…)自己嫌悪とは、つまり、「架空の自分」が「現実の自分」を嫌悪している状態である。「架空の自分」とは(…中略…)人にそう思ってもらいたいところの自分、自分でそう思いたいところの自分である。すなわち、「架空の自分」は、社会的承認の必要と自尊心とに支えられている。（…中略…）すなわち、自己嫌悪は、その社会的承認と自尊心が「架空の自分」にもとづいている者にのみ起こる現象である。つまり、たとえば、無能な人間が自分を有能だと思いたがるとき、あるいは、卑劣漢が自分を道徳的だと思いたがるとき、その落差をごまかす支えとなるのが、自己嫌悪である。

（岸田秀『ものぐさ精神分析』３２１－３２２頁）

他者とのやりとりが激減していた学生時代、あるいは夏休みの期間、私が「自己嫌悪」に陥っていた際には、「架空の自分」の方が「本来の自分」であると思いこんでいた。「キメ顔」こそが私の本来の顔だと思っていたということである。

私は授業の中で、学生に自分自身の３分スピーチを録音し、聞き直してもらうという課題を行うことがある。これはとても嫌がられる。「録音して聞き直す課題は、恥ずかしいから嫌だ」とも言われる。しかしどうして「恥ずかしい」のであろうか。人前で３分スピーチをする際、周囲の人はまさに録音されたように聞いているのである。それをそのまま確認するだけなのに、それが「恥ずかしい」というのはどういうことだろう。これが「録画」になると、より一層恥ずかしさが増すようだった。しかしこの感覚は、学生ではなくとも、多くの人が感じるものなのではないだろうか。

自分のしゃべる声や姿を直に確認することが「恥ずかしい」ということは、録音・録画されている様子が「自分が思っていたよりもダサい」ということだ。とすると、「本来は実際よりもカッコいい」という想定が自分の頭の中にある、ということになる。そうでなければ「恥ずかしい」という気持ちは湧かないだろう。

これは繰り返せば慣れる。バイオリニストにしても、サッカー選手にしても、歌手にしても、俳優にしても、自分の演奏や演技を録画し、チェックする。おそらく、はじめて録音・録画して確認したときは恥ずかしさがあっただろう。しかしそれも回数を重ねれば、恥ずかしさは減じていく。プロともなればその技術でお金を稼ぐわけで、自身の技術面についてチェックせざるを得ない。そういう意味で、教職課程における授業では、「人前でしゃべることによって金を稼ぐプロ」である教師になるのだから、自分のしゃべりについて録音・録画してチェックすることは必須になる。現時点での「恥ずかしい」状態を把握し、そこをスタート地点として、技術を修練していくしかない。

録音・録画が、人前でしゃべるということに関する初歩的な「鏡」ということになる。逆に言えば、人前でしゃべることに関して録音・録画をしたことがない状態とは、「家の中に一切鏡がない状態で自分の顔を触って判断していた」段階に近い。触って判断していただけの自分の顔を、はじめて鏡で見る。それが「恥ずかしい」というのである。ただし、何度も鏡を見ていれば慣れる。まずはそれが第一段階の克服ということになる。

些細なことではあるが、自分の顔については鏡で見ていたとしても、しゃべりに関しては鏡にうつしたことがない、ということだ。しゃべりに限らず、うつしたことがない性質など、探せばいくらでもある。あなたは自分の歩き方を動画に撮影してみたことがあるだろうか。ボールの蹴り方、投げ方、食事の仕方、そのような初歩的フィードバックを経ていない自分自身の性質については「架空の自分」が置かれていることになる。手で触っただけで「見た目」を想像している状態である。細かな部分が寄り集まって「全体的な自分」を形成しているとすれば、それぞれの性質をこまめに「鏡」にうつし、フィードバックを経て、「全体的な自分」を形成していかなければならないことになるが、それをどこまで録音・録画して「一人で」続けることができるだろうか。チェックするといっても、自分の視点でしか探すことができず、本来は無限にチェックポイントがある。一人では限界がある。しかも、自分一人でチェックしていたのでは、やはり「キメ顔」止まりだ。

だからこそ、他者との関わりが必要になる。自分の予測していない点についてのフィードバックがあるという点で、多くの他者と関わることは極めて重要である。もちろん、悪口もあれば、ピントのずれた批判もあるだろう。しかし同時に、的を射た指摘もある。

そのようなフィードバックを意図的に避け、見ないようにして、「カッコつけた」「架空の自分」を肥大化させ、それを「本来の自分」であるとみなしたとする。自分が想定している自分像が「現実の自分」からどんどん遊離していく。そうなると、より一層「思ったよりダサい」自分を確認したくなくなる。的を射た指摘でさえ、悪口に聞こえるようになってしまう。悪循環が生まれ、その上、自己嫌悪することで「自分で自分を嫌悪しているのだから、よし」と、さらに「現実の自分」の姿を見ることを避ける。

> 自己嫌悪は、たとえて言えば、強盗殺人を犯した犯人が強盗だけをしおらしく白状するのに似ている。（…中略…）自分のある面を嫌悪するのは、はるかにもっと嫌悪すべき別の面を隠すためである。（…中略…）たとえば、若い頃、革命家を志し、過激な運動をやって何度か留置所にぶちこまれ、ついに挫折し

て、今は廃品回収業となり、「古新聞、古雑誌がございましたら……」と叫ぶ自分の姿をさかんに自嘲している男がいる。彼がその自嘲によって言いたいことは、廃品回収業は世を忍ぶ仮りの姿なのだ、おれは本当は革命家なのだ、ということである。しかし、過去はどうだったにせよ、現在は「革命家」ということこそ架空の観念であり、彼は廃品回収業以外の何者でもない。もし彼が、依然として革命を信じ、本当に一時の便法として廃品回収業をやっているのであれば、自嘲は必要でない。(…中略…)廃品回収業としても失格であるくせに他の廃品回収業を軽蔑し、自分が彼らより一段高級な人間であるかのような錯覚を持つ。その錯覚を支えているのが自嘲ないし自己嫌悪である。

(岸田秀『ものぐさ精神分析』324−325頁)

自己嫌悪をしているということが免罪符になってしまう。それは自分自身をダマすためである。これこそ、私が長期休みの期間や、学生時代にひきこもっていたときに行っていたことなのであった。その基礎にあるのが「虚栄心」なのである。

コラム①

自己顕示欲と承認欲求

「コロナ禍」における私の授業は「ラジオ講座」形式でした。ＰＤＦファイルでアップロードされている板書をあらかじめ手書きでノートに写してもらい、私の録音を聞きながら書き加えていく、という形式です。授業を聞き終わったら、「授業を聞いて感じたこと、考えたこと、思い出した自分の実体験、質問など」を自由に記してもらいます。その内容から匿名で抜粋し、「実体験」「考えたこと」「質問など」という三種類にわけ、表にまとめ、全員に配布します。私は「質問など」の部分について、一つずつ、コメント音声を録音し、授業として配布します。

その中の「質問など」の部分に、

「先生は自己顕示欲や承認欲求が強いと感じた」

というものがありました。これを公開で載せるのをためらいましたが、スルーするのも嫌だし、せっかくですから「受けて立って」、コメントを録音しました。以下が私の録音したコメントです。

まさか、音声だけの録音にもかかわらず、私の自己顕示欲や承認欲求がバレるとは思っておりませんでした。

対面授業のときには結構言われるんですけどね。今回は顔出しなしの、録音だけなわけですからね。よく気づきましたね。いや、バレバレだったのかな（笑）。みんな、私に気を遣って言わなかっただけかもしれないですね。

私は以前素人バンドでボーカルをやっていたのですが、まあ、自己顕示欲や承認欲求がない人間が、バンドのボーカルは選びませんよ。100人を超える教室で前に立ってしゃべることが気持ちいいとか言っている人間なわけですから、もう自己顕示欲と承認欲求の塊でございましょう。ただ「私が自覚している以上に」という部分が指摘されているということだと思います。

対面授業のときには、手書きでリアクションペーパーを書いてもらって、授業終わりに手渡しで私に提出してもらっています。もちろん、名前を書いた状態です。だから、さすがに面と向かって私を批判するような内容というものはあまり書かれません。成績をつけられるわけですからね。あまりに教員の気分を害するようなことを書くことはないわけです。とすると、私の授業の面白かったところとか、私の授業方法の良かったところとかが書かれることが多くなります。そんなものばっかり読んでいたら、そりゃ、私は気分良くなるわけです。だって、褒め称えてくれる文章の方が多いわけですから。

私がしゃべっているときにも、寝ないで聞いてくれますし、私語もせずに聞いてくれる。こんなこと、日常生活でありますか？　路上で私がしゃべりはじめて、100人以上を立ち止まらせて、「しゃべらないで聞いてください」なんてやったところで誰が聞いてくれるでしょう。あり得ないですよ。そのあり得ないことが、対面授業のときにはできてしまうのです。

素人バンドでライブをやろうとしたら、人を集めるのに四苦八苦するわけです。100人なんてとてもではないけれど集まりません。でも、授業の場合には違う。集客の努力をしなくても、100人集まってしまう。「ハコ」ですら、大学側が用意してくれる。開始時間通りに100人が集まってくれる。

まるで、私自身に人気があるかのように錯覚できるわけです。みんなが私の話を心待ちにしているかのように思うことができるわけです。これが気持ちいい。でも、夏休みとか春休みとか、長期休みに入ると、こういう「ライブ」ができなくなる。私が「人気がある」と思い込めなくなる。多分、私が長期休みに入ると調子が落ちるのは、こういう構造もあるのだろうと思うのです。

それで、コロナの状況になって、対面授業ができなくなりました。「ライブ」ができません。まあ、こうして「レコーディング音源」を聞いてくれた皆さんから「投書」が届くわけですから、代理満足は得られます。でもやっぱり、実際の「ライブ」とは違います。私は調子が落ちております。私の自己顕示欲と承認欲求が満たされない。困ったものです……。

私の録音コメントに対するリアクションに、次のようなものがありました。

Aさんから

リアクションペーパーの質問の中に、先生は承認欲求が強いと思う、という文を見つけた時大変驚きました。というのも、私の中では、承認欲求が強い、というのは一種の悪口であったためです。でも、私がもっと驚いたのは先生の返答でした。先生は承認欲求が強いことを認めるどころか、その特徴のせいで、コロナ禍でなかなか人前に立てない現在、調子が悪くなってしまっているのだと思う、という持論まで語りはじめたからです。その時はじめて私は、承認欲求が強いという表現は、あくまで私の中での悪口であり、先生は自身の特徴を表す言葉、として認識しているだけで、悪口とは感じていないのではないかということに気づいたのでした。

Bさんから

リアクションの中に、「先生は自己顕示欲と承認欲求が高いように見受けられます」と書かれているものを見た時に、先生がどのような反応を示すのかと不安になりました。しかし、その私の不安を吹き飛ばすかのように先生自身が激しく同意したのに加えて、ボーカルの話や教鞭をとれない長期休みになると調子を崩すという具体的な話をされていたので、拍子抜けしてしまったのと同時に、先生の快い対応の仕方を学ばせていただきました。このリアクションを受けた時の先生の対応は大変懐が深いと感じましたし、このように受け流せばその場の空気を崩すことなく、それどころか笑い話で終わらせることができるのかもしれないと考えました。

残念ながら、私はそこまで「できた人間」ではありません。私の中にはある種の計算があったのです。「懐が深い自分」を演出しようとした、ということなのです。ネガティブで批判的なもの、場合によっては人格否定につながるようなものであっても受け流すことができる様子を技術的に提示した、ということにもつながるのです。そして、私の録音したコメントに、AさんやBさんのような反応があったことを、また私は「嬉しく」思っているのです。つまり、自己顕示欲と承認欲求が、なんとここでも発揮されてしまっているということです。

私はパスカルの言葉を思い出すのでした。

虚栄はかくも深く人間の心に錨をおろしているので、兵士も、従卒も、料理人も、それぞれ自慢し、自分に感心してくれる人たちを得ようとする。そして哲学者たちでさえ、それをほしがるのである。また、それに反対して書いている人たちも、それを上手に書いたという誉れがほしいのである。彼らの書いたものを読む人たちは、それを読んだという誉れがほしいのだ。そして、これを書いている私だって、おそらくその欲望を持ち、これを読む人たちも、おそらく……。

（パスカル『パンセ』１０６頁）

どれだけ根深く「虚栄」が私に根を下ろしているのでしょう。おそらく、解消されることはないだろうとは思います。

第2章

他者の思惑

いい感じのハゲとして他者を魅了する

自分が発する言葉や行動が相手にどのように受け取られるのかをいつも気にして、相手の言動の裏の意味をいちいち考え、その結果アウトプットする行動が少しズレていて、挙動不審になってしまう人がいる。その人は堂々とした、物怖じしない、自信に溢れたように見える人になりたい、と望んでいる。ただ、元の「引っ込み思案」な状態を隠し、鎧として「あたかも堂々として落ち着いているかのように」見える行動を装った場合はどうなるだろう。技術的に修練が行き届いてきたら、それなりにダマされてくれる人もいるだろうが、それはあくまでも表面的で短期間の付き合いに限られるように思われる。いや、「内面が行動にあらわれる」のではなく「行動が内面を形成する」場合もある。だから、まず行動から変化させていくことも有効だろう。笑えば心も朗らかになる場合がある。行動から変更することは重要かもしれない。とはいえ、付け焼き刃のもの、あまりにも自身の素質とは逆のもの、浅薄なものなどは、はがれやすく、バレやすい鎧になってしまうだろう。

自分の状態に劣等感をおぼえ、それを覆い隠すように真逆の性質を身につけようとする。それは、たとえば私が「髪がない」ことに劣等感をおぼえ、カツラをつけて、あたかも髪がフサフサである「かのように」生きることと似ている。私は実際にツルツルだ。きれいにハゲている。私のことをよく知らない、浅い関係の人であれば、カツラをかぶった私のことを「髪がフサフサな人」と見てくれるかもしれない。しかし、少なくとも一緒に暮らしている人にはバレる。

一度、私がカツラをかぶって、まるで髪がフサフサであるかのように暮らしはじめると、「髪がフサフサである」ことにまつわる一連の表現技術が修練されていく。たとえば「自分は歳をとっても髪がフサフサのままだったけど、そうだね、若い頃から髪が減ってきちゃうと色々気になるだろうね。俺はそういう危惧とは無縁だったけど」というオーラを醸し出す技術が修練されていく。しかし、本来の性質と真逆の演技を続けていると、本来の性質を活かす技術は修練されない。具体的に言えば、「いい感じのハゲとして他者を魅了する」技術は一切修練されないまま、まるで髪がある「かのように」行動する技術だけが修練されていく。だから急にカツラが取られてしまうと、取り乱してしまう。まったく修練していない、未熟な部分がむき出しになってしまうから。

大きな鉄のハンマーは、切れ味抜群の日本刀にはなれない。しかしハンマーにはハンマーの持ち味がある。日本刀で岩は砕けないかもしれないが、巨大なハンマーなら何とかなるかもしれない。大きな鉄のハンマーというものが持つ「重い」「打撃面積が広い」「頑丈である」「すばやく動けない」という性質を活かす戦術を考えた方がはるかにいいだろう。

こういう思考パターンは、ゲームに慣れ親しんでいる人には飲み込めるかもしれない。『モンスターハンター』[※1]における武器の選択と戦術の違い、『ウィザードリィ』[※2]における種族と職業の相性、『ドラゴンクエスト』[※3]における魔法使いと僧侶の使い分け、『大乱闘スマッシュブラザーズ』[※4]における使用キャラと戦術の関係など、それぞれの「キャラクター特性」を活かした戦術を考え、マイナスにもなりうる部分を活かしてゲームを進めていく。

たとえば格闘ゲームにおいては、基本的に「動きが遅ければ、攻撃力は高い」「動きが速ければ、攻撃力は低い」というトレードオフの関係がある。一方はポジティブなものととらえられ、一方はネガティブなものととらえられる。当然「動きが速くて、攻撃力も高い」状態が最も強力であるが、そうはいかない。ゲームバランスが崩れてしまうからだ。

ハゲているという特性は、ゲームにおける「動きが遅い」というネガティブな要素に近いのかもしれない。しかし、動きの遅さというものも、考えようによっては「操作しやすい」のである。ハゲていることは、少なくとも「これから先、髪の毛が減ってしまうのではないか」という恐怖心からはオールフリーであるというポジティブな面があるともいえる。髪型による自己表現のようなものは失われるが、「髪型が崩れる」という気苦労からは解放され、朝の準備も早く済む。言ってみれば、どんな特性にも「良い面」と「悪い面」があり、それらは場面によって変化するというだけの話である。

そう考えると元々ある性質を出発点として、それを活かせるような鍛錬をした方がいいことになる。しかし、時々、憧れている真逆の性質を身につけた「かのように」振る舞おうとしはじめてしまうことがある。ハゲているにもかかわらず、カツラをかぶって髪がある「かのように」振る舞ってしまう。

これが「虚栄心」の形でもある。

※1『**モンスターハンター**』**シリーズ**　様々な素材を集め、武器や防具を作り、マップ上にいる大きな獲物を倒すアクションゲーム。４人同時にプレイできる。武器の種類によって、操作方法や戦い方が大きく変化する。

※2『**ウィザードリィ**』**シリーズ**　主観視点でダンジョンを進んでいく、コマンド選択式のロールプレイングゲーム。トールキン『指輪物語』の世界観をある程度踏襲しているため、人間、ドワーフ、エルフ、ホビットなどの種族が存在し、それぞれに適した職業がある程度決まっている。たとえば、ドワーフは戦士に向いており、エルフは魔法使いに向いているなど。

※3『**ドラゴンクエスト**』**シリーズ**　１９８０年代からある、日本を代表するロールプレイングゲーム。メインのシリーズは11作品出ている。「魔王が復活したので勇者が仲間を連れて倒しに行く」という形式が多く、とてもわかりやすい。ほぼすべてのシナリオは堀井雄二が制作している。ファンがとても多い。DQ、ドラクエと略される。

※4『**大乱闘スマッシュブラザーズ**』**シリーズ**　任天堂の制作したゲームのキャラクターなどが多数登場し、複数同時対戦（現段階では8人）ができる、対戦格闘アクションゲーム。最新作は80体近いキャラクターから選択でき、それぞれのキャラクターには「素早いけれど、攻撃力が低い」「ジャンプ力が高いが、攻撃力が低い」など、長所と短所が設定されている。キャラクターのバリエーションが多いため、どのキャラクターを好むのかによって、プレイヤーの性格が現れることも多い。

傷つくのはいつも見栄

カツラをかぶるのは、基本的には他者からどう見えるのかを気にした結果である。無人島で一人きりなのにカツラをかぶりたいと思うだろうか。多分、思わないだろう。では一体、何を避けているのか。ショーペンハウアーは「虚栄心」と「他人の思惑」という点に注目している。

大抵の場合、不快なことは虚栄心を傷つけるような性質の事柄だとさえも言える。

（ショーペンハウアー『幸福について　人生論』336頁）

子細に検討してみると、われわれが今までにしたことのある気兼ねや心配のほとんど半分までが、他人の思惑に対する配慮から生じたことがわかるであろう。それはそのはずだ。かくも病的にまで敏感なためにかくもしばしば傷つけられたわれわれの自尊心なるものの基礎に、われわれのいっさいの虚栄と虚勢との基礎に、いっさいの見栄と誇張との基礎に、他人の思惑に対する配慮があるからだ。

（同前　86頁）

文脈が異なる箇所からの引用ではあるが、少なくとも「虚栄心」や「自尊心」の基礎に「他人の思惑に対する配慮」があるということ、そして傷つくのは「虚栄心」や「自尊心」であるということが示されている。ハゲていることが否定的な評価になることを前提に、他者からどう思われるかを考えるからカツラをかぶるのである。心理的に傷つく事柄がすべて虚栄心と関わりがあるとまでは記されていない。しかし、思い返してみても、私が「嫌だった」対人関係的な出来事とは、そのほとんどが「カッコつけたい」部分をくじかれるような状況に関係している。

『クラウン独和辞典』によると、ドイツ語で「虚栄心」は nichtigkeit と記すようだ。これは「空虚」「無効」「不実」という意味であるらしい。この元にあるのは nichtig（無効の、空虚な、取るに足らない）ということばであり、nicht 自体がそもそも「～でない」という否定語である。英語で「虚栄心」は vain、「中身のない」「無効な」という意味で、nichtigkeit とほぼ同一である。『ジーニアス英和辞典』によれば、pride よりも vain の方が、より「人から褒められたい」という意味合いが強くなるとされている。

日本語における「虚栄心」はどうだろうか。明治期に用いられていた辞書『言海』には「虚栄心」は掲載されていない。『広辞苑』で「虚栄心」を調べると「みえ」のことであると解説されている。「みえ」には、「見栄」と「見え」があり、『岩波古語辞典』によれば古語でも「見栄」は使用されている。おそらくやまとことばとしての「みえ」から派生し、漢字があてられた語なのであろう。とすると、「虚栄心」は nichtigkeit や vain の訳語として使用されるようになった合成語句と考えられる。その意味は「見栄」であり「見え」である。それは他者からどのように「見えるのか」腐心する状態であって、中身自体は「すっからかん」で「空虚」なのである。

ショーペンハウアーの記している内容を少し噛み砕けば、「中身は空虚なのに、それがバレないようにまとった見栄が傷つけられることこそが、人が対人関係において不快を感じることの実情である」ということになる。

次に、対人関係について、アメリカの精神科医であるサリヴァンが記す箇所を引用したい。

私が「人間は文化という世界との交流を必要とする点で生物界の他のメンバーと明確に異なっている」という時、そもそも文化ということばは具体的な人間たちの何かを抽象したものにすぎないのであるから、その、掛け値なしのほんとうの意味は「人間は自分以外の人間との交流すなわち対人関係を必要とするものだ」ということになる。（…中略…）長期間自分以外の人間との直接間接の関係から自分を切り離してしかも人格水準の低下を起こさないでいられる人間は、実に稀有な存在である。言い換えれば自分以外の人間との関係を断ち切られるのは、動物が一切の酸素源から遮断されるほど致命的ではないだろうがやはり致死効果を持つ面があり、これは言葉のあやや喩えなどではなくて正しい客観的言語で以て断言できるのである。

（H・S・サリヴァン『精神医学は対人関係論である』39頁）

少なくとも私は、カウンセリングをしていて「対人関係を抜きにした悩み」というものを聞いたことがない。金銭の問題であったとしても、その根底には対人関係がある。私は医師ではないのであくまでカウンセラーとして、「カウンセリングは、結局対人関係の問題を扱っている」とでも言えばよいだろうか。いずれにしても、人間が人間である以上、傷つくとしたらそこには対人関係が想定されていると考えて間違いない。

対人関係ということは、自分だけではなく相手がいるということである。必然的に「他者の思惑」を想定することになる。他者が本当はどう思っているのかなど、確認しようがないのに。

人間が社会的動物であるといわれる理由は、サリヴァンの記すとおり「人間は自分以外の人間との交流すなわち対人関係を必要とするものだ」ということなのだろう。「社会的」というとどうも高尚なイメージが湧いてしまうが、根源的に人間は「誰かと一緒にいないと生きていけない」のである。組織を作って生き延びる種として進化してきた部分を指すのかもしれない。

「本来の自分」が「嫌い」だから見栄を張る

先にも引用したショーペンハウアーは１７８８年から１８６０年まで生きたドイツの哲学者である。次に登場するヒルティは１８３３年から１９０９年まで生きたスイスの哲学者であり、ショーペンハウアーとほぼ同時代を生きている。ヒルティは『幸福論』や『眠られぬ夜のために』の中でたびたびショーペンハウアーを引き合いに出し、かなり否定的に批判している。しかし、虚栄心が人生に悪影響を及ぼしているという点については意見が一致しているようだ。

虚栄心と名誉心とは、つねに悪いしるしである。なぜなら、どちらも結局は自己否定に基づくものであって、そうした自分の内的不満を、うわべを装うことや他人の好意ある判断で補おうとするのにほかならないからだ。

（ヒルティ『幸福論（第二部）』１００頁）

「本来の自分」とは異なる性質の鎧をまとうのであるから、「本来の自分」を否定的にとらえている、という前提がある。そうでなければ装おうとは思わない。端的にいえば、自分のことが嫌いで仕方がないのである。自分のことが嫌いで、うわべを装うことで他者からの称賛や注目を得ようとする。そのために、必要以上にアピールすることにもなる。他者からは、いつも自分のことばかりをアピールする「自分のことが大好きな人」に見えるのだから皮肉なものである。

精神医学的には自己愛性パーソナリティ障害の基準に近い。しかし、このような性質はかなり多くの人に当てはまると私は思っている。[※5] そもそも、たとえば就職活動であっても、自分の「長所」をアピールするように訓練されるではないか。それがいいことであるとさえ言われているではないか。そのような現代日本の環境の中で、自分のことをアピールして認めてもらおうと「しない」ことは、むしろ勇気がいるだろう。少なくとも現在、日本において、自己愛性パーソナリティ障害的な行動が推奨されているということは知っていた方がいい。当然、良い面も悪い面もある。どちらも知っておいた方がいい。しかし、他者に向けて自身の長所をアピールする形態が就職活動時期の「一時的なもの」ではなく、恒常的になると、ヒルティが記すように「悪いしるし」となってしまいかねない。

結婚式で仕方なく、一時的に燕尾服を着るのは理解できる。しかし、普段から燕尾服を着はじめると、それはもうコスプレの域である。ただ、あくまで基準は礼節なので、時代背景、文化・社会的環境などで状況は変わるだろう。絶対的なものではない。とはいえ、「過剰」であることについては、どのような基準であったとしても想定することができる。その基準が他者からの称賛や注目、つまり「他者の思惑」ということになる。

サリヴァンの記すとおり、私たちは他者がいなければ生きていけない。社会的なシステムを考えても、業務を分担し、協力していかなければ日々の暮らしを維持できない。他者の中で生きるしかないのであれば、他者の思惑に配慮することは生きていく上で必須である。他者の思惑を一切考慮しない姿勢は考えにくい。ただし、配慮が必要なのはあくまで礼節の範囲であって、必要以上に何かを求めはじめると、思いのほか強い反動が待っている。

※５　精神疾患の基準として多く用いられるＤＳＭは、アメリカ精神医学会が制作したものであった。元々は統計をとる際に基準がなければデータが集められないために、定義をしたものであった。しかし統計のための定義集が一人歩きをし、基準に当てはまっていれば「それ」である、という認識に変化してしまっている。統計用の定義なのであるから、「本人が困っていない」「他者が困っていない」「金が稼げている」場合には、たとえ基準に当てはまっていたとしても、診断は必要ない。骨折やインフルエンザとは異なる。パーソナリティ障害も、いわば「とても性格特性が偏っている」状態であって、それだけで「病気」なわけではない。ある程度の偏りは当然どの人にもある。ある程度はパーソナリティ障害の基準に当てはまる部分が出てくる。

ポジティブぶりっ子

ある日、ネット上で「ポジティブぶりっ子」という言葉を見かけた。なかなか含蓄のある言葉である。ポジティブな思考パターンを懸命に続けることで、ネガティブな思考パターンを払拭しようとする状態らしいが、それが「上手くいっていない」からぶりっ子ということなのだろう。そもそもぶりっ子というのは「〜の振り（フリ）」をしている状態を指している。無理に漢字で書けば「振りっ子」だ。だから「知的な人間」のフリであっても、「虚無を抱えた複雑な人間」のフリでも、やはりぶりっ子である。「ネガティブぶりっ子」もあり得るし、「ペシミストぶりっ子」もあり得る。

ぶりっ子ということは、逆に周囲からは本質が見え見えであるということだ。そこには「無理」がある。その無理は、外からはよく見えている。これは精神分析では「反動形成（reaction formation）」と呼ばれるものに近い。ジークムント・フロイトが提唱し、娘のアンナ・フロイトがまとめた「自我の防衛機制（defense mechanism）」の中の一つである。「本来不埒な人間が超道徳的に振る舞うこと」「本来スケベな人間が性的に潔癖に振る舞うこと」などがこれに当たる。

たとえば、常に強い怒りを感じている人がいたとする。その力はあまりにも強い。あまりにも強すぎて、「わたし」、つまり「意識」の部屋の中に入れておくことができない。こんな莫大な負のエネルギーを入れていたら「わたし」が破裂してしまう。壊れてしまう。だから、薄暗い納戸のような「無意識」の部屋に、その莫大な怒りのエネルギーをそのままの形で突っ込む。[※6] 友だちが家にやってくる前に、リビングに散らかったものを整理せずに突っ込むようなものである。これで「意識」の部屋、つまり日の当たるリビングはきれいに整っていることになる。しかし、納戸に押し込まれた怒りのエネルギーは、元来が猛烈に大きなものであるため、すぐにでもリビングに出てこようとする。雪崩込んでこようとする。これを防ぐためには、無意識の部屋である納戸の扉を押さえつけなければならない。そうしなければ怒りがリビングに出てきてしまう。だから、納戸に押し込んだ大きな怒りと「逆サイドの」力をかけなければならない。その結果、「超絶優しい人」ができあがる。しかしそれは、ぎこちなく、不自然に力んだ、超絶優しい人である。なにせ、押し込んだ大きな怒りの力をドア越しにずっと押さえ続けているのである。力まざるを得ない。

こういう無理は、力の均衡が少し崩れただけで崩壊する。脳の構造であれば、前頭葉という領域との関係が強い。前頭葉は、広範囲にわたって行動を「抑制」する機能を持っている。前頭葉が人間の思いついてしまう不埒な行動を制御していると考えてもよい。たとえば、アルコールを摂取すると前頭葉の機能が弱まることがある。そのため、酔った際に、「超絶優しい人」が大変「怒りっぽい人」

※6　まったくの無意識というわけではなく、納戸に「何かを」押し込んでいることは、本人はうっすら気づいていることも多い。そして、そういう意識があるからこそ、厄介なことになる。「自分は自覚がある」という浅い自覚が、奇妙な自尊心を作り上げ、さらに無意識側、納戸側に押しやったものを正確につかむための動きを封じてしまう。つまり、にわかな自覚を持つことまでも、「無意識的」だということになる。

になることもある。「反動」の力が緩んで、納戸の扉が開いてしまうのだ。※7

「意識」の部屋に、どんなものでも抱えておけるはずがない。人間はそんなにタフにできていないし、そもそも「意識」の部屋というものは、進化の過程では「ごく最近」できたようなものなのである。人間以外の動物は基本的に「無意識」だけで生きていると考えてそれほど間違ってはいない。そのような歴史の長い莫大な「無意識」を、新参者の「意識」の中にすべて抱えておこうとすること自体が間違っている。おこがましいこと甚だしい。

まず、「意識」の中に多くのものを抱えることはできない、と認識する必要がある。謙虚になっておく必要があるのだ。リビングの広さは決まっていて、どんなものでも置いてはおけない。置くものは選別しなければならないし、掃除もしなければならない。サイズも人によって違う。12畳のリビングがある家もあるだろうし、四畳半しかない場合もある。しかし、いずれにしても意識の部屋に入るものの物量は決まっている。

四畳半の部屋に等身大の銅像を置くわけにはいかない。元々徹底的にネガティブな人間が無理をしてポジティブになろうとするのは、四畳半の部屋に銅像を置こうとするようなものである。そうではなくて、四畳半に入りきるもの、その部屋が南国にあるのか北極にあるのかなどの立地条件、レンガでできているのか木材でできているのかという材質など、部屋の様相に総合的に合うものを選定する必要がある。ネガティブということが否定的な意味に受け取られるのは、それが粗雑なままだからであろう。ネガティブさというのは研ぎ澄ませれば「適切な批評」になりうる。ポジティブというのも粗雑な状態だと「考えが浅いアホ」になりかねない。だから、フリというのは無理をして似合わない家具を入れ、コーディネートも何もあったものではない粗雑さで、乱雑に置かれている状態なのである。納戸から出てこないように、溢れてこないように、過剰な物量で押さえつけているのだ。

つまり、外から見て明らかに「ぶりっ子」とわかる人というのは、自分の「納戸」「無意識」と上手く付き合えていない人ということになる。※8「ポジティブぶりっ子」や「知識人ぶりっ子」などの場合は特に、ある意味ではストイックであることが多い。そのストイックさは、あたかも無意識は存在しないものと思おうとするかのような、逆に言えば「無意識を征服しようとしている」かのような手触りを感じる。征服しようとする姿勢が既に、上手く付き合えていない証拠である。上手く付き合うというのはこの場合、意識が無意識とやりとりをするということである。無意識を征服しようとするから、乗っ取られる。

とはいえ、「ありのままが一番」というのも早計である。これでは「整理する」という意識の働き

※7　アルコールが入っていなくとも、いわゆる「安心できる仲間」などの間では抑制が弱まることはある。仲間内になるといきなり暴言を吐くぶりっ子というのは結構よく見かける。こういう人たちは「外面が良い」「猫をかぶっている」という状態と評される。なお、酒を飲んで「記憶がなくなる」という人もいるが、こういう人はほとんどが「何らかの過剰抑制」を行う人であることが多い。

※8　無意識との接し方が下手であることのみが原因ではなく、たとえば自分自身をモニターする能力の問題もあるだろう。「他者の思惑」に左右され続けることもよくないが、他者からどう見えるかについて想像力が行き届かないことも「ぶりっ子」の元にはあるだろう。

が無視されてしまう。努力や忍耐をしない言い訳になってしまう。あくまで無意識と適切にやりとりすること、仲良くすることが必要なのであり、何も好き勝手に生きていいということではない。人間は、唯一の（といってもよい）意識を持つ生命体である。それは必ず、無意識とぶつかり、自然とぶつかる。これは、人間であることの宿命なのだろう。

「オレ、握力50キロ」

「ぶりっ子」をするということは、何らかの形で他者から気に入られようとしているということでもある。「他者の思惑」を気にした上で、本来の自分のあり方とは異なるものの「フリ」をする。とすれば、やり方が適切かどうかはおくとしても、それは「自尊心」を維持するための行為ということになる。

自尊心という言葉も訳語だ。「自分って大事だな、と感じること」のように解説されることもあるが、私にはしっくりこない。これは英語で表記される場合でも事情は似たようなものらしく、たとえばジョージ・サイモン[※9]は self-respect と self-esteem を分けて考えている。その記述を基に、本書での自尊心と自己評定の定義を明らかにしたい。

self-respect を直訳すれば「自己尊敬」ということになる。ただし respect そのものの意味をもう少し考えた方がいい。reは「後ろを振り返って」という意味が含まれる接頭語であり、spectは「見る」という意味である。とするとrespectとは、「後ろを振り返って見る」ようなイメージである。これを踏まえ、本書で自尊心という場合には「過去を振り返って、自分が成してきたことを思い、満足する気持ち」としよう。

一方、self-esteemの場合、直訳すれば「自己評定」である。esteemの元はestimateであり、これは「見積もる」ことなのだが、eは「前方に向けて」という意味を含む接頭語であるため、未来的な

※９　《自己評価《セルフエスティーム》の評価《エスティーム》は、「見積もる《エスティメイト》」という言葉に由来している。自己評価とは自分に対する直感的な〝見積もり〟であり、その見積もりとは、人生において望みのものを手に入れるために必要な、生まれつきの才能や力量、また成功体験を本人がどのように評価したかで成り立っている。／自力で何をなしとげられるか自覚している者、望みのものを得る力量に自信を抱いている者は強気の評価をみずからにくだせる。だが、それが真の自尊心をはぐくむかと言えばそうではない。／自尊心《セルフリスペクト》の「リスペクト」そのものの意味は「回想」「追想」、つまり自尊心とは、過去にさかのぼって自分が好ましいと感じているものの評価に由来する。自分が積み重ねてきた努力、社会的に望ましいとされている目的への献身、運のあるなしにかかわりなく、みごとに達成できた業績などに根ざしているものなのだ。／簡単に言えばつまりこうなる。自己評価の感覚は現在の自分に対する自覚から生まれ、自尊心の思いは、与えられた条件のもとで自分がなしとげたことによって決まる。》（ジョージ・サイモン『他人を支配したがる人たち――身近にいる「マニピュレーター」の脅威』１４８頁）

意味合いがある。これを踏まえ、本書で自己評定という場合には「今後、自分が何かを行う際に、技術・力量的にそれが可能であるかどうかを評定すること」とする。

つまり、自尊心は過去志向、自己評定は未来志向のことばということになる。自尊心の場合は過去を基盤として現在をとらえる。自己評定の場合は現在の能力的部分を評価して未来に起こる出来事がこなせるかどうかを判断する。もちろん、過去があってこその現在であり、過去があってこその未来であるから、自尊心と自己評定は連動している。しかし、分けて考えておいた方がよいだろう。

いずれの場合にも「なるべく正確な把握」が必要なのだが、これがとても難しい。ここに「みえ」、つまり「虚栄心」が関わっている。本来の自分ではない、「カッコいい自分」をまとうのは、他者からどう「みえ」るかを気にするからだが、それは他者をダマすためだけではない。自分自身をダマすためでもある。本人が意識していようとも、無意識的であろうとも関係ない。

たとえば、今まさに、握力計で握力を測ったとしよう。実測値が40キロだったとする。昔は50キロを超えていた（自尊心）はずなのに、随分握力が落ちたものだ（劣等感）。ということで急にハンドグリップで握力の訓練をはじめたとしよう。毎日訓練して3週間が経過した。訓練したのであるから、前に測った40キロよりは数値が上がっているだろうと推測する（不確実な状態）。そして実際には握力を測っていないにもかかわらず、他者に「俺、高校生の頃から握力50キロ超えててさあ、今も50キロあるんだよね」と言ったとする。もしかしたら本当に50キロかもしれないので嘘とは言えないが、確認はしていないのだから、ほぼ嘘である。それ以降、ハンドグリップでの訓練はしなくなったが、他者には「俺、握力50キロ超えてるんだよね」と言い続ける。そうすると自分でも「高校の頃から変わらず、握力が50キロある」と感じられるようになり、実際にそのように思い込んでしまうこともあるのではないか。さらに進んで、「高校生の頃よりも、今の方が握力がある」という物語に変化してしまうかもしれない。

そもそも、実測値なんて見ない方が気持ちよく過ごせるではないか。過去のデータを変化させることなく、自尊心は「傷」つけられない状態をキープすることができる。ちょっと訓練を再開しただけで、「いや、俺、これくらいのことはできるよ」という「フリ」を続けていれば、自己評定も（実質は空虚なままではあるが）高い状態を保てる。

それが「虚栄心＝みえ」の一つの形である。

選択的非注意

「虚栄心＝みえ」の形にも様々ある。私がカツラをかぶる例の場合は、自分の正確な状態を知った上での行動であった。私が握力計を使わずに握力が50キロ以上あると他者に言う例の場合は、おおよそ実測値を予測はできるものの、過去の状態にすがっていて、それを壊したくないということである。

次に引用するのはサリヴァンの文であるが、ここでは「自尊」と記されている。ただ、内容的には「虚栄心＝みえ」と読み替えてもほとんど変わらない。ショーペンハウアーが自尊心・虚栄・虚勢・見栄・

誇張を並立し、それらすべての基礎に「他人の思惑への配慮」があると記していたように、これらはどれも似たような構造を持っている。

私には、〈人々は必ず自ら誇るに足りないものを誇りにしているものだ〉という気がずっとしてきた。言い換えれば、自尊とは、〈手の込んだ自己欺瞞の外に向いた面〉であるようだ。（…中略…）自尊が出現するのは、必ず、当人の過去の体験が回避あるいはその他の方法での処理を許容しなかった、文字通りの安全欠如性を隠蔽するのを目的としてである。

（H・S・サリヴァン『精神医学の臨床研究』128頁）

これは「自尊心が表に現れているときには、実は、当人が自分自身をダマしている」ということだろう。無意識の中の、ある範囲に地雷原のようなものがあり、ちょっとやそっとでは触れることができない領域がある。触れないように、自分でもうっかりそこに近づかないように、ダマす。あまりにも重要な課題があるのだが、うっかり触れてしまうと「意識」の構造自体が瓦解してしまうぐらいの破壊力のある地雷が埋め込まれている。だから、その地雷原を避けるように「手の込んだ自己欺瞞」をしている。

その一つの現れが「選択的非注意」という現象だ。これはサリヴァンの用語であるが、要約すれば以下のようなものである。

ある男性患者がサリヴァンの元へ汽車に乗って通っていた。その男性患者は同じコンパートメントに居合わせた乗客を見ながら極めてサディスティックな想像を巡らせていることを、毎回の面接の最初にサリヴァンに報告していた。乗客の耳を噛みちぎるであるとか、そういう想像である。ある日、サリヴァンは他の業務などで苛々していて、男性患者が毎回言うその前置きを途中で遮り、言ってしまった。「で、びっくりしたわけですね、そういうことを考えていた自分に気づいて」。すると男性患者は驚いて「どうしてわかったんです？」と言った。サリヴァンは「いつも、電車の中での想像の話の最後は、そういうことを考えてしまっている自分に気づいて驚いた、というところで終わっているからです。今まで何度も伺いました」。そして男性患者は驚いた。「今まで何度も話していたということに私は気づかなかったなんて！」

（Ｈ・Ｓ・サリヴァン『精神医学の臨床研究』56－57頁を要約）

毎回話題に出すことができているのであるから、そのときには意識できている。しかし、次の回には、話題に出したことさえ忘れ去られてしまう。

選択的非注意というのは病的な人だけにある特徴ではない。「意識」を維持するために、「意識」という枠の中に入らない異物は一旦脇にどけておくよう、脳は自動で判断する。ある程度までは正常範囲であるが、あまりに過剰になり、日常生活がままならなくなると異常となる。その度合いにはグラデーションがある。

たとえば、とても「嫌なこと」があったときにクロスワードをやり続けることで気を紛らわすとか、カラオケに行って歌うとか、そういうケースを考えてほしい。ストレスの発散や憂さ晴らしという言い方もされるが、カラオケで歌詞を追いながら歌っていると、少なくともそのときには、嫌だったことが一時的に頭の中からなくなる。無意識への抑圧、というほどではない。少なくとも、本人はその嫌なことが「存在していること自体」は意識できている。いわば、意識の部屋の中で、段ボール箱につめられているような状態である。

私も嫌なことがあったときは、ヘッドホンで歌を聞き続けると随分気持ちが紛れる。歌詞とメロディーで「頭がいっぱい」になり、他のことが注意の対象から消える。「プラモデルを制作すること」で頭をいっぱいにしてもいい。革細工を作ってもいい。[※10]「嫌なこと」は器の中から追い出されていき、気が紛れる。逆に、何かに集中するときというのは、他の「どうでもいいこと」を注意の対象から除外していることになる。

サリヴァンは「ライフルによる遠距離射撃」を例にあげる。途中で他のことを考えてしまえば、すべてを最初からやり直さなければならないような極度の集中を必要とする作業の場合、腕をピンで刺されても気がつかないという（サリヴァンは友人にピンを刺して実験している。撃ち終わった友人は急に腕のピンに気づき、サリヴァンを呪いの目で睨んだという。酷い）。だから、それが「ライフルによる遠距離射撃」ではなく、「仕事」であってもいいのである。

何か作業をするとき、考えるとき、「どうでもいいこと」を注意の対象から自動で排除している。問題は、自動で排除されるものが「本当は、ものすごく重要な場合」である。サリヴァンの例で言えば、毎回電車に乗る際に、他の乗客の耳を噛みちぎる想像をしていることは、「どうでもいい」ことではない。全然、どうでもよくはない。しかし、その男性患者は自動的に、選択的に、注意を逸している。

社会心理学者フェスティンガーが提唱した認知的不協和理論で示されているように、「自分に都合のいいように情報を解釈し、自分に都合の悪いことは聞かず、都合が悪くなりそうな場所には近づかない」という傾向は、程度の差はあれど、人類に共通している。ならば、「どうでもよくない（重要な）ポイント」に注意を向けるよう、努力をして軌道修正する必要が出てくる。これが簡単ではない。岡目八目という言葉は、囲碁を打っている当の本人たちにはわからずとも、それを観戦している者にとっては「八目先まで」手が読めるという比喩であるが、まさにそのようなことが起こる。他者は気づくが、本人は気づけない。

ただ、選択的非注意は「完全なる無意識」ではないのが救いである。指摘されれば、そのときには気がつく。サディスティックな想像をしていたサリヴァンの患者が気づいていたように、適切なタイミングで指摘されれば、気がつく。もちろん気がついただけでは先には進まない。とはいえ、気がつかなければ話にならない。

そのときにはハッとしたとしても、何度でも同じ型の行動を繰り返す。指摘はあくまでも頭で理解

※10　趣味について、中井久夫が興味深いことを記している。
《治りやすいアルコール依存症者（…中略…）趣味がある、いらだちをいじめ殺すような趣味がよい。釣りとか模型づくりとか。》
（中井久夫・山口直彦『看護のための精神医学 第2版』２７１頁）

することを促すにとどまる。選択的非注意によって注意を向けていなかった「どうでもよくない（重要な）ポイント」は、その人の人生を１８０度変えてしまうようなポイントでもある。多くの人は変化を望まない。人生の慣性とは、それほど強力であるように見える。[※11]

選択的非注意によって触らないようにした地雷原は、無意識側に抑圧したものに直結している。地雷が爆発すれば、抑圧が解除され、「わたし」を保つためになされていた応急処置がいきなり解除されてしまう。無意識側に抑圧したのは、それなりの理由がある。急に向き合うことはできない。準備が必要である。だから、地雷原にはそっと近づき、知恵を駆使して爆発しないように解体し、無害なものに変えなければならない。しかし、地雷をそのままにしておいてもいけない。地雷が存在していないかのように自分をダマしてはいけない。

※11　小手先の、技術的なところを変化させるだけで、基本的には今までのまま、人生がハッピーになることを望んでいる人は大変に多いように感じる。

《若さを取り戻すためなら、この世でできることはなんでもするよ。運動とか早起きとか、きちんとした生活をするとかいうこと以外ならね》

（オスカー・ワイルド『ドリアン・グレイの肖像』４０４頁）

コラム②

ドワーフとエルフ

先に、『ウィザードリィ』というゲームの名前を出しました。これからこの『ウィザードリィ』について細かく言及するという、ゲームに詳しくない方々を置いてきぼりにするような文章を書きます。『ウィザードリィ』の元ネタはトールキンの『指輪物語』です。小説や映画の『指輪物語』をご覧になった方は、あの世界観を想像してください。

『ウィザードリィ』の世界では、危機を救うために賞金稼ぎの傭兵が集まります。集まる人々には種族があります。

・力自慢だが、鈍重で知力の低い「ドワーフ」
・ある程度素早く知力が高いが、体力のない「エルフ」
・やたら素早く器用だが、体力がない「ホビット」
・全体的にバランスは取れているが、これといって特徴のない「人間」

これらの種族を選んだ上で、４つの基本職業を選択します。

・ほとんどの武器と防具を使える、攻撃力の高い「戦士」
・攻撃魔法が使えるが、防具もまともに装備できず、体力が伸びない「魔法使い」
・そこそこ防具は身につけられ、そこそこ攻撃もできる、回復魔法が使える「僧侶」
・敵を倒したときに現れる宝箱のトラップを解除できる「盗賊」

盗賊なんて必要なのか疑問に思うかもしれませんが、このゲームでは、武器や防具などは基本的に現地調達であるため、敵の落とした宝箱を開けるしかないのです。その宝箱にはほぼ確実にトラップがしかけてあります。ダメージを受けてしまうとか、そういう生やさしいものだけではありません。即死してしまうトラップであるとか、「岩」の中にワープさせられてパーティ全員が二度と復活しなくなるとか、致命的なものがいくつも用意されています。トラップを解除できることはパーティの必須条件なのです。

基本職業を見ると、それぞれの職業に「向いている」種族がいることが見えてきます。ドワーフは戦士、エルフは魔法使い、ホビットは盗賊。人間は、どの職業を選択してもそつなくこなせますが、特徴がないために少し中途半端になります。

これらの基本職業についた上でレベルアップしていくと、上級職業に転職することができるようになります。

・攻撃魔法をゆっくりと覚え、戦士よりも多くの武器を使いこなす「サムライ」
・回復魔法をゆっくりと覚え、防御力の高い「ロード」
・攻撃魔法と回復魔法の両方を使える「ビショップ」

・武器と防具を何もつけていない状態が最も強く、たとえ最終ボスであっても一撃で倒すクリティカル（首切り）を発動することがあり、ある程度のトラップを解除できる「ニンジャ」

通常は、「戦士→サムライ」「魔法使い→ビショップ」「盗賊→ニンジャ」などとクラスチェンジしていくことになります。ただ、育成を工夫すれば、「全ての魔法が使えるニンジャ」のようなキャラクターも作ることは可能です。

このようなキャラクターから6人を選択し、冒険へ出かけることになります。ポイントはパーティ編成です。序盤は特に、たった一人では先に進めないようにできていますので、特技を分担し、協力させながら進むしかありません。そして、種族と相性の悪い職業についている者がパーティの中に存在していると、冒険が立ち行かなくなります。

このシステムがかなりの部分で『ポケットモンスター』シリーズにも脈々と引き継がれていることがわかります。ポケモンにも種族があり、クラスチェンジがあり、6体のパーティ編成で進めていきます。『ウィザードリィ』が1981年のゲームですので、実に40年近く、基本システムが踏襲され続けているということになります。もちろん、ゲームとして上手く活用できるというところもあったのでしょう。しかし、それほど長く残るくらい、人間のあり方をよく示す本質的な「比喩」であったということではないかと私は思っています。私は今でも、人間の成長、あるいは職業の選択ということについて、『ウィザードリィ』の比喩で考えることが多いです。この比喩に則れば、何が必要なのか、何が重要なのかがよく見えるからです。

いずれサムライになるつもりなのであれば、たとえドワーフであっても、まず僧侶になり、回復魔法を一通り覚えるまで頑張ることは、時間はかかるものの、有効です。そうすれば僧侶からクラスチェンジした後、「回復魔法も使える、屈強なサムライ」ができあがります。ただし、回復量はそこまで期待できないので、回復という点においてはあくまで「専門職の補助」的な役割しか担えないことには留意する必要があります。とはいえ、人間の成長に関する比喩と考えるのであれば、時間が有限であることを勘案しなければなりません。

自らはエルフであるにもかかわらず、屈強な身体に憧れを抱き、無理に戦士となったとしましょう。物凄くレベルを上げれば、知的な戦士にはなるかもしれませんが、体力が少なくパワーが足りないので、前衛として後ろの者たちの盾となることはできません。元来の魔法使いとしての特性も活かせば「魔法も使える戦士」となるかもしれませんが、いかんせん中途半端です。後進の低いレベルのキャラクター育成のために、つまりレベルアップの道具としては使い勝手がいいのですが、ここぞという場所ではパーティから外されてしまうでしょう。

あるいは、自らはドワーフであるにもかかわらず、知的能力に憧れて魔法使いになったとしても、確かに屈強な魔法使いになって死ににくくはなるかもしれませんが、魔法が使える回数も少なく威力も弱くなってしまいます。剣を振るいたくても、職業が魔法使いなので杖しか持てません。ドワーフの良さが何も活かされなくなってしまいます。

この比喩を元に考えると、多様性の問題も、役割分担の問題も、協働の問題も、いっぺんにとらえることができると思っているのですが、いかがでしょうか？　さらに、自分自身の素質と、それを発揮する役割の相性、また「本来の自分」ではないものをまとおうとすることなど、「虚栄心」について考える基礎となるようにも思うのです。端的に言えば、ドワーフは下手にエルフのフリをしない方がいいし、エルフもドワーフのフリをしない方がいいだろう、ということです。多くの物事は、基本的には適材適所だろうと思われます。ただし、そのためには、自分の性質をなるべく正確に把握しなければならない、という困難な作業が必要になります。「虚栄心」は、この作業の妨げになることも多いように思われます。

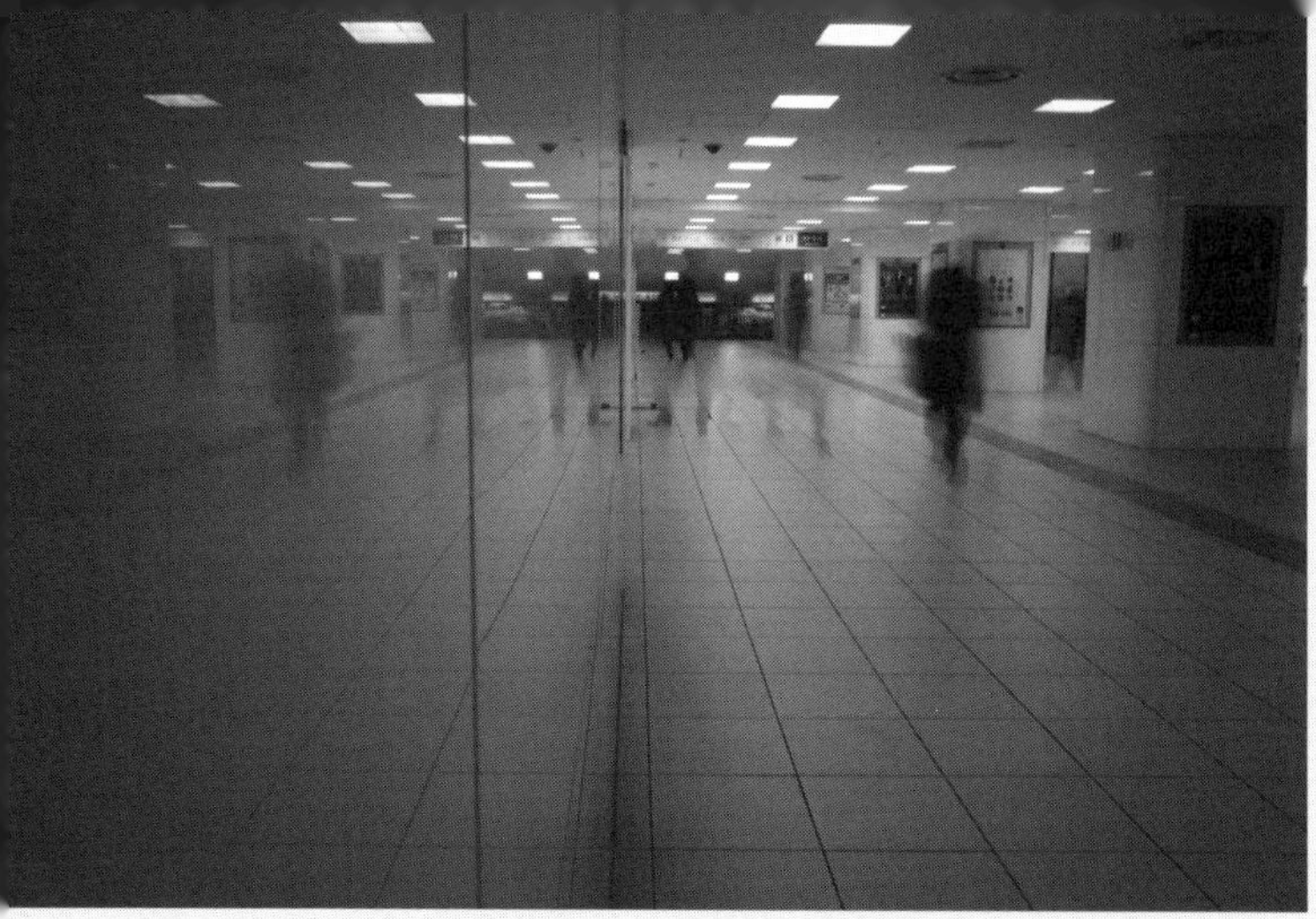

第3章

「わたし」は何者か

「資格取ってから言えばいいのに」

アイデンティティに関する授業回のリアクションペーパーに、次のようなことが書かれていたことがあった。

今日の授業を聞いていて、学科の人のことを思い出しました。その人は、色々な資格を取るんだ、とずっと言っています。たとえばさっきも「◯◯と◯◯と◯◯の勉強してて寝てないんだ」などと言っていました。去年も同じようなことを言っていました。でも、7つ受けた資格試験は、全部落ちていました。その人は去年と変わりません。今年も変わりません。何も、変わっていません。何の資格も取れていません。何も進んでいません。せめて資格を取ってから言えばいいのに、と思います。でもきっと、そうやって言っていなければ「わたし」を保てないということなんですよね。なんだか悲しいです。悲しいことです。

この人の言うとおりなのかもしれない。そうやって「これだけ頑張っているんです」ということを示し続けていなければ、「わたし」を保てないということなのかもしれない。それだけ危機的な状況なのかもしれない。苦しいことである。

授業のリアクションペーパーに、「今いる学科の人たちの意識が低い」「考えていない奴らが多くてうんざりする」というようなことを書く人もいる。そういう、ある意味では「上から目線」のことを書き、まるで「自分は意識が高く、色々なことができている」ように振る舞っている人の中には、たとえばテストの日や、提出物の期限の日に休んでいたりする人もいる。おそらく「あえて」休んでいるわけではないのだろう。ほとんど無意識的な結果なのではないかとも思う。テストを受けてしまえば、レポートを出してしまえば、「実際にはできない」ことがバレてしまう。卒業論文を出すことができない、という人の中にはそういう思考パターンの人もいるのだろう。

無理をしなければ「わたし」が保てないのだとしたら、むしろその無理を続けることは極めて危険である。どこかでそのハシゴから降りなければならない。さらに無理をして、今よりも高くまで登ってしまえば、あとは破滅的に倒れるしかない。そのハシゴは空中にしか続いていない。どこにも通じていない。早く、降りた方がいいのだ。

しかし、なかなか降りることはできない。ギャンブルに似ているだろうか。大儲けを狙って、大金持ちになることを狙ってギャンブルをはじめたとしても、途中から様子がおかしくなってくる。ギャンブルはたいてい、トータルで見たら儲けがマイナスになるように設定されている。そうでなければ運営が成立しない。多くの場合、ギャンブルを長く続ければ続けるほど、マイナスは大きくなっていく。そして、今までつぎ込んだ金額を取り戻そうと、さらにギャンブルへとはまっていくことになる。途中ではなかなか降りられない。つぎ込んだ金額が多ければ多いほど、途中で降りることはできない。これと同じで、今までかけた労力が大きければ大きいほど、「今までのやり方」を捨てることは難しくなる。

「誰か」になりきるおままごと

アイデンティティ（identity）とはE・H・エリクソンが提唱した概念である。エリクソンは精神分析を専門とする医師であったため、精神分析における同一視（identification）を想定してアイデンティティの概念を提示している。[※1]先に、反動形成（reaction-formation）という自我の防衛機制を一つ紹介したが、同一視もその一つである。「わたし」が「わたし」であるために、人間が無意識的に行っていることの一つだ。どんな人でもある程度行っている。そうしなければ「わたし」という形が保てないのだから仕方がない。「わたし」とは「意識」の範囲であると考えてもよい。

真っ暗な舞台があったとする。そこにスポットライトが当たる。スポットライトで明るくなった部分が「意識」、他の暗い部分が「無意識」である。スポットライトは範囲を広くもできるし、光を強くすることもできる。しかし、この「意識」は、生物が人間に進化する過程の中で比較的最近手に入れたものであり、「無意識」の範囲は広大である。すべての暗闇を光で照らすことはできない。

この光が当たった「意識」の範囲を、一般的には「わたし」として扱っている。強い光を当ててしまえば周囲の闇は濃くなる。闇の中で何かが動いていたとしても観客席からはわからない。スポットライトの範囲が狭すぎても、暗闇でなにが起こっているのかわからない。理想としては、そこそこの範囲を、あまり強すぎない光で照らし、状況に合わせて柔軟に照らす位置や範囲を変化させられることなのであるが、そう簡単なことではない。

これまで「意識」とほぼ同一の意味として、「わたし」とカッコ付きで表わしてきた。「わたし」とはいわゆる「自我」のことを示しているわけだが、その意味は「一人称で『私は』と話す際に思い描いているもの」ということである。※2 元々フロイト自身がIch（英語のIに相当）という日常語を用いて表わした概念である。このぐらいぼんやりした定義の方がとらえやすいと思う。

この「わたし」が「わたし」であるために、ある程度必要なシステムが自我の防衛機制である。社会的な要請や、自分自身の中に作り上げた規範意識（いわゆる「超自我」）からの要請、無意識からの要請をなんとか調整し、「わたし」が「わたし」であるために自動で発動するメカニズムである。

同一視とは、「自分を、何らかの対象Xと同一とみなすこと」である。たとえば、ある部活に入っている大学2年生を想像してみよう。今まで3年生の部長がしっかりリーダーシップをとっていた。

※1　《言語学的にも心理学的にも、アイデンティティと同一視（アイデンティフィケーション）とは根が共通している》（E・H・エリクソン『アイデンティティ――青年と危機』214頁）

※2　これはサリヴァンが「自己組織」（self-system）について定義する際に用いた表現を参照した。サリヴァンはこの他に「自己態勢」（self-dynamism）という用語も用いている。「わたし」というシステムは常に動いていて、定まった一つの形をとっているわけではない、というイメージだろうと私は思っている。

それにとても憧れていた。なんと、その憧れの部長から、次期部長に任命されることになった。意気込み、先代の部長と同じように、口調も、身振り手振りも、段取りも、全体への挨拶も、とにかく真似た。ほぼ丸パクリ。これほど先代を真似して頑張ったのに、周囲からはイタい人を見る眼差しで見られるということがある。「お前は先代部長じゃないし。別の人間だし」と思われている。

本人としては意気込んで先代部長に追いつこうと頑張ったのであるが、周囲からは「型だけパクって先代部長になりきっているイタい人」に見えてしまった。これは、本人に「自信がなかった」からである。素の自分自身ではやり切ることができないと感じていた。だから、先代部長と自分を同一とみなし、まるで「先代部長の着ぐるみ」をまとうかのように振る舞っていた。先代部長の精神的な部分まで含めたコスプレ状態である。これが同一視の一つの形だ。

とはいえ、悪いことばかりではない。ある程度年齢的に若いときには先輩や先生などに「なりきる」ことによって、ある種の役割的な技術を習得できることもある。たとえば、おままごとなどはいい例だ。幼稚園児がおままごとをする際に、子どもが「お母さん役」をする。もちろん、子どもはお母さんそのものではない。しかし、なりきることによって、母親的な視点の獲得、役割の獲得が促進されることがある。おままごとをクオリティ高く行おうとすれば、今まで以上に細かな点まで母親の所作動作を観察するようにもなる。実に教育的だ。ただ、同じようなことを25歳を超えてからしてよいかどうかは難しいところである。それも、他者が見ている前で無意識的に、自信がないことを補うためにしているとしたら、これは早期になんとかした方が良さそうだ。

「精神的な部分を含めたコスプレ」という表現をしたが、「これは遊びなんですよ」というシグナルがあった上で、意識的に行うコスプレは構わない。コスプレ会場に出かけてコスプレをし、カメラに向かってポーズをとるのは一種の「お祭り」なのである。

たとえば本物の「祭り」のことを考えてみる。ハッピを着て、ねじりハチマキをつけて、神輿《みこし》を担ぐ。あれだって「お祭りコスプレ」だと考えることができる。普段の生活で、出社する際にねじりハチマキをつけてハッピを着ていたら、礼節に欠けていると判断されるだろう。自分が大ファンのロック歌手のライブに、最前列で、その歌手と同じような白スーツと赤シャツを着て応援するのはいい。ライブは「お祭り」なのだ。しかし、たとえば私がそのロック歌手の大ファンだったとして、大学の授業の際に毎回赤シャツと白スーツで登場し、そのロック歌手と同じような口調で授業をはじめたら、やはり礼節に欠けると判断されるだろう。いや、そこまで来たらちょっと面白いかもしれないが、やはり「どうかしている」と思われるだろう。

このような同一視におけるニュアンスが含まれた上で、アイデンティティという概念が構築されているということになる。

もしも国土が消えたら

アイデンティティとは何か。この問いに答えることは、とても難しいことらしい。提唱者であるエリクソン自身の定義が著作によって揺れている部分もあるようだ。ただ、イメージとしては「私は○○です」の「○○」に何が入るのか、ということを想定しておけば、まずは問題ない。

エリクソンが当初想定していた「アイデンティティ」のイメージは、どうも「アメリカに亡命してきた人」における、「国籍」のような、かなり根源的なものであったようだ。エリクソン自身がユダヤ人であるため、第二次世界大戦の最中、ナチスドイツの迫害から逃れてアメリカにやって来るということがどれほど大きな出来事であるか、身をもって知っていたのだろう。そもそも「ユダヤ人」とは、「日本人」という場合のように国家を想定した「○○人」ではないのである。

日本人として生まれ、日本に住んでいると、「亡命」ということについてうまく想像ができない部分がある。しかし、たとえば海外旅行に行っている間に日本が沈没し、存在しなくなってしまったと仮定することはできる。想像力を働かせてほしい。海外旅行中に日本という国土そのものが沈没して消えてしまった。帰る家どころか、国そのものがない。それでもなんとか生きていかなければならない。今までは「私は日本人です」と言っていたが[※3]、この「私は○○です」の中に、日本人、という単語を入れることができない。「無条件に存在しているもの」として気にもしていなかった地面がいきなりすとんと消えてしまったような感じだ。地に足がつかない。ここで、「私は日本人です」の「日本人」に代わる「何か」を見いださなければならないが、それは猛烈に大変な作業である。

このとき、とても不安定になる。急に地面がなくなり、仕方がないから、海を埋められるものをかき集め、なんとか埋立地を造って、その上に住む家を建てようとするようなものなのである。その作業をしながら日常生活を送らなければならないのだから、それは大変だ。この不安定なときに、現在

※３「国」の印象について、吉本隆明と岸田秀の文を引用しておこうと思う。日本の場合は、衛星写真を見ただけではっきりと海に囲まれており、「ここが日本」というイメージを持つことができる。しかし、ヨーロッパは異なる。衛星写真だけで国境をイメージすることは大変困難である。ルールとして国境線を引き、国家というものが実は幻想であることを理解した上で、人々が共同で維持していかなければならないという「国」のイメージの違いが強くあらわれていると感じる箇所である。

《それまでわたしが漠然ともっていたイメージでは、国家は国民のすべてを足もとまで包み込んでいる袋みたいなもので、人間はひとつの袋からべつのひとつの袋へ移ったり、旅行したり、国籍をかえたりできても、いずれこの世界に存在しているかぎり、人間は誰でも袋の外に出ることはできないとおもっていた。わたしはこういう国家概念が日本を含むアジア的な特質で、西欧的な概念とまったくちがうことを知った。／まずわたしが驚いたのは、人間は社会をつくりながら、じっさいの生活をやっており、国家は共同の幻想としてこの社会のうえに聳えているという西欧的なイメージであった。西欧ではどんなに国家主義的な傾向になったり、民族本位の主張がなされるばあいでも、国家が国民の全体をすっぽり包んでいる袋のようなものだというイメージでかんがえられてはいない。いつでも国家は社会の上に聳えた幻想の共同体であり、わたしたちがじっさいに生活している社会よりも小さくて、しかも社会から分離した概念だとみなされている。》

（吉本隆明『改訂新版　共同幻想論』６頁）

《アルザスは、大学や市内ではフランス語、朝市で野菜などを売っているおばちゃんたちや、田舎の飲み屋などではドイツ語の方言であるアルザス語が喋られているという面白いところであった。老人には、生まれたときはフランス人、その後、プロシアがフラでいうところの「境界性パーソナリティ障害」（当時は「境界例」と呼ばれていた）的状態になることもある、とエリクソンはいう。ただ、アイデンティティがある程度確立できれば、境界性パーソナリティ障害的な行動の不安定さは収まるという。確かにこの場合の原因はアイデンティティが極めて不安定になっていたことなのだから、基盤さえある程度確立できれば落ち着くのは道理である。もちろん「境界性パーソナリティ障害的なあり方の原因」＝「アイデンティティが不安定になっていること」ではない。

私は○○です

では、ためしに「私は○○です」の「○○」の部分に、思いつく限りのものを入れていってみよう。20個書きだしてみてほしい。

どうだろうか。私の場合は「私は男です」「私は夫です」「私は父です」からはじまり、「私は日本人です」「私は心理士です」「私は大学教員です」などが続く。役割的なものが尽きると、次に「私はプラモデルを作ることが好きです」「私は革細工を作ることが好きです」「私はテレビゲームが好きです」などの「好きなものシリーズ」が来る。これもある程度で尽きてしまって、嫌いなものシリーズが登場し、その後「私は今、『私は〇〇です』というものを埋めるべく色々考えているが、いまいち思い当たらなくて困ったものだな、と思っている者です」など、今まさに私の内的に動いている気持ちを直接書きはじめ、「私は『私は〇〇です』というものを20個書けばいいところを、誰から強制されたわけでもないのに40個も書いてしまい、利き手である左手がじんじんしてきた者です」など、身体的な感覚まで書きはじめる。こうなってくるといくらでも書けるが、まず書くのは「役割」が多いのではなかろうか。皆さんはどうだっただろう。

この「〇〇」には「何が入ってもいい」ということは伝わったであろうか。しかし同時に、多くの人が真っ先に「役割」を書き記すであろうことも予測できたのではなかろうか。

ここで、アイデンティティが同一視と根の部分では通じていることを思い出してほしい。「私は大学教員です」というとき、私は大学教員「役」を演じているということでもある。「大学教員着ぐるみ」を着ている状態であるとも考えられる。それがもし、「自分に自信がないから、過剰な着ぐるみを身につける」状態だとしたらどうなるだろうか。これこそ、「みえ＝虚栄心」ではないだろうか。

ンスに勝ってドイツ人になり、第一次大戦でドイツが負けてフランス人になり、第二次大戦の初めヒトラーが勝ってドイツ人になり、最終的にはドゴールが勝ってフランス人になり、現在はフランス人という人がいた。》

（岸田秀『唯幻論始末記――わたしはなぜ唯幻論を唱えたのか』60頁）

アイデンティティの早期完了

ジェームズ・マーシャ[※4]は、大学生のself-structure（「わたし」という構造）の研究をしていた。その形として、

（1）アイデンティティ確立
（2）モラトリアム
（3）アイデンティティ早期完了
（4）アイデンティティ拡散

の4つをあげている。その上で、「アイデンティティ早期完了」は、「アイデンティティ拡散」よりもややこしい、と記す。

アイデンティティの早期完了とは、たとえば大学に入る前からある特定の職業につくことを決めていて、それ以外視野にない状態だ。大学入学前から「夢」が決まっていて、「初志貫徹」しているように見えるだけに、一層ややこしさが増す。この目標が「大学入学前までにかなり悩み、様々な選択肢を熟考し、いろいろな失敗を経て、試行錯誤を経た上で決定されたもの」であるならば、その限り

ではない。しかしマーシャが記すように、権威のある人の言う通りのことを、そのまま「わたし」の構造にしてしまったような場合が問題である。

私が教職課程を教えるセクションに所属しているため、例として「教師」を考えてみたい。たとえば「親が教師になれと言ったから」であるとか「尊敬する先生から、あなたは教師に向いていると言われたから」というような形のまま、それ以上自分自身で悩み苦しんでいたわけではない場合は「危ない」ということになる。自分で考えて生きているわけではないため、その信念体系はとても幼くなる。受け売りの状態のままである。「虎の威を借る狐」状態である。しかし、特に教職課程の場合、大学入学時から「教師一本」の状態が好ましいと評価されることさえある。周囲からも「意識が高い学生」と判断されることもある。

このような状態にある大学生は、

「危機的状況への対応方略は非現実的で、出来事に対してたいてい自己弁護的で、危機的な状況をマイルドなものにするために具体的に動くわけでもないのに、目標だけはやたら高い」

(Marcia, J.E. "Development and validation of ego-identity status." *Journal of Personality and Social Psychology.* Vol.3, pp.551-558. Foreclosure［早期完了型］の解説部分を意訳)

※４　マーシャの研究は、アイデンティティ研究の中でも「社会的な役割」に関するものといえる。

という特徴があるとマーシャは記す。この特徴は、まるで「プライドが高い人」と呼ばれる人の描写そのままである。「みえ＝虚栄心」の構造は、そもそも「現実の自分」ではないものをまとう、というものであった。アイデンティティの早期完了とは、「現実の自分」ではない、まだなってもいない役割を「未来から前借り」しているということでもある。まだ教師ではないにもかかわらず、すでに教師になっているかのように振る舞ってしまうことにつながる。

未来からの前借り

大学生だけではなく、もっと年齢が高い人々にだって「未来からの前借り」をしている人は数多く存在する。それはアイデンティティの早期完了というよりは、やはり「みえ＝虚栄心」の問題になるのだろう。目標を高く持つことは悪いことではない。ただ、「やりはじめたばかり」であったり、あるいは「資格を取得したばかり」のときに、あまり声高に何かを宣言するのは控えた方が良さそうである。

このように「何かを成し遂げるぞ！」ということを口に出して皆に知らしめることで、引っ込みがつかない状態に自分を追い込み、何かをやり遂げるためのモチベーションにする、という形もあるため、難しいところだ。まるで「新年の抱負」のようなものであるが、たとえばこのような記述がある。

不協和を低減して、健全な自己感を——たとえば健全な肺臓ではなくても——回復する一つの方法は、喫煙をそれほど危険ではないと見なして、その関与を矮小化してしまうことである。このような考えは、新年の決意を行った百三十五人の学生の経過を追跡した、より一般的な研究によって支持されている。自分の決意——禁煙するとか、減量するとか、もっと運動するとかという——を破った人は、最初はその失敗のために自己嫌悪に陥るが、しばらくすると、その決意の重要性を軽く見るようになったのである。皮肉なことに、自分が守れなかった関与を軽視することは、彼らが自尊心を回復するのに役立つのだが、近い将来にはそのために必ず自滅するのである。すなわち、短い目でみれば、彼らは良い気分でいられるのだが、しかし、長い目でみると、彼らが、彼らの目標をうまく達成する確率は極端に低くなってしまうのである。

（E・アロンソン『ザ・ソーシャル・アニマル〔第11版〕』177－178頁）

ここに記されているのはあくまで禁煙や減量などの話だ。ただ、SNSなどで「まさに何かの勉強をはじめたばかりの状態」であったり、「資格をとったばかり」であったりすることを投稿している場合、その後、尻すぼみになる傾向はあるように感じられる。全員が全員ではないけれど、少なくとも「宣言」したとき「ほど」成し遂げていない場合の方が多い。

では、何かの勉強をはじめたり、資格をとったりした人の中で、声高に周囲に向けて宣言しなかった人はどうなのか。別に言わなかったから周囲に知られなかっただけで、結局尻すぼみになっている人だってたくさんいることだろう。しかし、焦点は「みえ＝虚栄心」なのである。SNSなどで声高

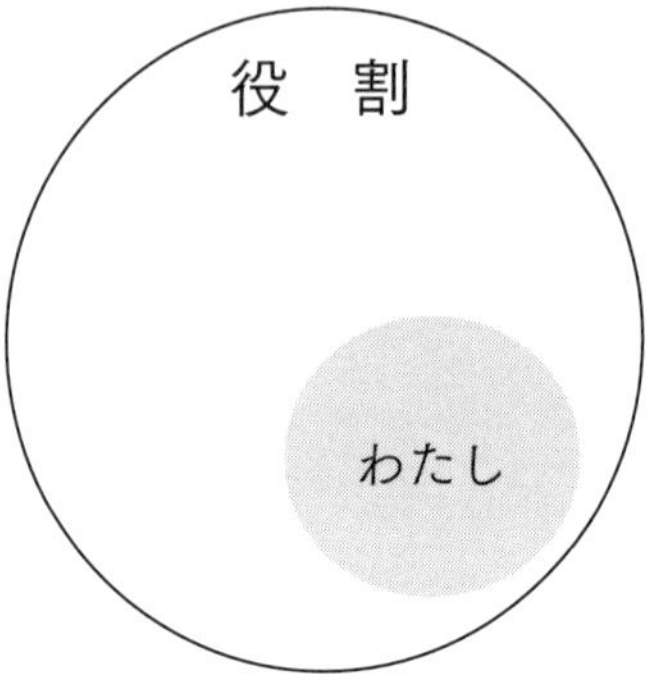

図1:「わたし」よりも「役割」が大きい場合

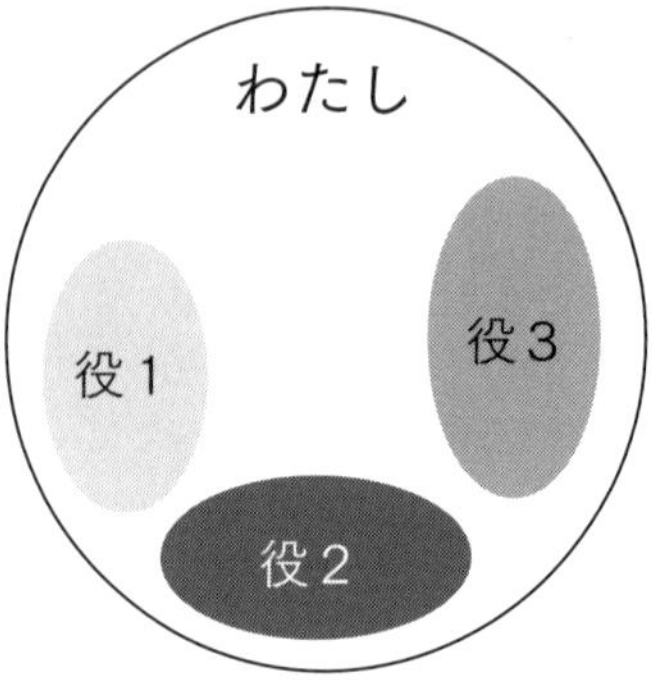

図2:「役割」よりも「わたし」の方が大きい場合

に「見せびらかす」のは、やはり他者からどのように「みえ」るかを考慮した結果と考えてまず間違いない。他者にどのように「みえ」るかを考える際に、「未来からの前借り」をしてしまっている。「現在の自分」の提示に見せかけて、装飾するために、実は借り入れてしまっている。借金で買ったブランド品を身に着けて、自分自身を一流であるかのように見せかけてしまっているようなものである。

早期完了の特徴を図に表わすのであればこのようになるのだろう（図1）。「わたし」よりも「役割」の方が大きくなってしまっている。「役割」の箱の中に、育っていない「わたし」が隠れている。「役割」の鎧の中にひきこもっている。

本来であれば、役割というものは、その場その場でつけかえ可能な仮面なのである。私が大学で教員としてしゃべる場合には「大学の教員仮面」、友人としゃべる際には「友人仮面」、保護者として息子の小学校に行く際には「保護者仮面」、妻に対しては「夫仮面」、息子に対しては「父親仮面」など。友人も妻も息子も同時にいるような状況では「友人仮面」「夫仮面」「父親仮面」それぞれの要素を分解して組み合わせ、ブレンドし、即興の新たな仮面を作る。集まっている人たちのバランスが途中で増減するなどの場合は、状況によって配分を変える。そういう柔軟性をもつものが仮面、ユング心理学でいうところのペルソナである。それはむしろ「わたし」の中にある。「わたし」の中に、要素がいくつも存在している（図2）。

ペルソナの特徴は「礼節」である。服装が最もわかりやすい例であるが、どのようなしゃべり方、どのような作法を用いるか、という部分がペルソナの特徴だ。つけかえる元にある「わたし」自体は変化しない。相手によって「話す内容」が変わってしまったらそれは大変である。[※5] 仮面のつけかえによって、あくまで言い方やタイミングが変わるだけだ。

しかし、早期完了の場合には、強力なペルソナが一つ、「わたし」の周囲に覆いかぶさってしまっている。しかも、まだ実際には「なってもいない」役割なのだ。「これからなる予定」なだけである。確かに、これは「架空の自分」といえるだろう。

ただ、早期完了というシステム自体を知ると「やべ、それ自分のことじゃん」と思う場合も多いらしい。早期完了的な状態が「あまり好ましくない」ことがわかれば、たとえば「〇〇になること」を第一と考える思考パターンから距離をとることができる。この話を聞いても他者のことばかり批判して「ああ、あいつのことか。たしかになあ。あいつ、プライド高いわ。自分のことではないわ」となると話は変わってくる。「いや、お前もな！」とツッコミを入れたくなる。ただ、私が接した学生に

※5　そういう人も、かなりいらっしゃるのは確かだとは思うし、私も例外ではない。

ついて言うのであれば、システムを知るだけで、自分の早期完了的な状態を意識化できる場合があるようだった。意識化できたのであれば、対策が打てる。

さて、こんなことを偉そうに書いている私はどうなのか。もう大学生ではないから早期完了ではないかもしれない。しかし、「未来からの借り入れ」はしているではないか。そもそも、この本自体が、「これからの自分」を先取りし、ある意味では「新年の抱負」的なものをここに宣言することで、「現在の自分」のあり方を「架空の自分」で装っているではないか。SNSにアップするどころの騒ぎではない。

そう自覚しているからよし、となってはいけない。もっと掘り進んでみよう。

コラム③

『ダークナイト』と『アンパンマン』

授業のリアクションペーパーに、次のようなものがありました。

稲垣さんの授業ではよく『ドラえもん』が登場します。いじめの話のときには、藤子・F・不二雄さんが『ドラえもん』で市民性の教育を伝えようとしていたのが、すごくよくわかりました。これからは子ども用のアニメだと避けないで、漫画もアニメもちゃんと見ようと思いました。

これは中井久夫の「いじめの政治学」（『アリアドネからの糸』に所収）という文章を元に、いじめの仕組みについて解説した授業の回におけるリアクションでした。中井久夫自身が『ドラえもん』を引用していることもあって、私が『ドラえもん』の「どくさいスイッチ」の回と「ぼくよりダメなやつがきた」の回を一人数人役で再現し、「ルシファー効果」[※1]を解説したのでした。こちらのリアクションへの私の返答は、次のようなものでした。

手塚治虫という、たった一人で戦後日本の漫画の形を作り上げてしまったような、恐ろしいほどの天才の影響を直接受けた漫画家たちがいます。『仮面ライダー』の石ノ森章太郎、『デビルマン』の永井豪、『ドラえもん』の藤子・F・不二雄もそうです。同じ「トキワ荘」というアパートにいたのです。また、彼らは太平洋戦争という、人が人を殺す場面を直に体験しております。漫画という、当時は子どものものとされ、他のものよりも下に見られていた部分の強いジャンルであっても、猛烈に深い内容が描かれていることがあります。どの漫画でも深いわけではありません。私は、漫画がすべて素晴らしいなどと言うつもりはありません。ただ逆に、どんな映画でもいいと言うつもりも、どんな小説でもいいと言うつもりもありません。ジャンルそのものに良い悪いがあるのではなく、それぞれの作品自体にクオリティがあるだけです。だから、子ども向けアニメや漫画が「すべて」深いわけではないことは付け加えておきたいところではあります。

もう最近の映画でもなくなってしまいましたが、映画でしたら、私は『ダークナイト』（2008年公開）が好きでした。バットマンの映画ですね。あれに出てきたジョーカーという悪役が、まあ本当に恐ろしい。悪というものを徹底的に煮しめて、あるいは蒸留して、純粋に純粋にしていったら、あんなふうになるのではないか、と思いました。最近サイコパスなどという言葉が流行ってしまっておりますが、本当のサイコパスって、ジョーカーのような状態ですよ。ネット上でサイコパス診断とかしてちょっとしたところで出るようなレベルのものではありません。

ジョーカーがあれほど凄まじいものになったのは、おそらく演じたヒース・レジャーという役者さんのエネルギーによるところが大きいとは思っておりますが、そのことについては私が『狂気へのグラデーション』に書きましたので、そちらを読んでいただければ幸いです。

映画の中盤に、バットマンがジョーカーと2人っきりでしゃべるシーンがあります。

バットマン：では、なぜ殺す？
ジョーカー：俺は殺さないさ　お前がいなけりゃケチな泥棒に逆戻り　イヤだ
　　　　　　お前が欠けたら生きていけない
バットマン：お前などクズだ
ジョーカー：真っ当な口を利くな　似合わんぜ　お前はバケモノだ　俺と同じさ

　また、終盤に、バットマンはジョーカーと戦って勝ち、ジョーカーをビルの上から突き落とすことができます。けたたましく笑いながら落ちていくジョーカー。バットマンは少しためらった上で、ワイヤーを投げ、

※1　**ルシファー効果**　「一般の善良な人が、ある種の権力のある役割を担うと、邪悪になる場合がある」という効果のこと。「堕天使効果」とも言われる。もととなる実験はフィリップ・ジンバルドーによる「スタンフォード監獄実験」。詳細は『ルシファー・エフェクト──ふつうの人が悪魔に変わるとき』にまとまっているが、かなりの大著であるため読むのは大変。実験は映画『es［エス］』や『エクスペリメント』などのもとになっている。スタンフォード監獄実験は「やらせ」だったのではないかという疑惑もあるが、同様の現象は「アブグレイブ刑務所事件」をはじめ、様々な「施設」で起こっているため、無視はできない。「身の丈に合わない強力な力を持ちすぎると、人は力そのものに飲まれてしまうことがある」と解釈すれば、映画『スター・ウォーズ　エピソード3』にてアナキン・スカイウォーカーが「ダークサイドにおちる」ことや、映画・漫画『ＡＫＩＲＡ』において、鉄雄が陥る状況などを理解することもできる。

ジョーカーをひっかけて、吊し上げ、助けてしまいます。ヒーヒーと笑いながら引き上げられるジョーカー。逆さ吊りのまま、ジョーカーは言います。

ジョーカー：お前って奴は――　どうしても俺を殺せないらしい
いかに俺が手強くて止められなくても　モラルを捨てない頑固な奴だ
本当に持ってるらしい　「高潔な精神」とやらを
お前に俺は殺せない　まるで見当違いの――　正義感がジャマして
俺もお前は殺せない　せっかくのオモチャだからな　どうやら永遠に戦い続ける運命だぜ

ぞっとしますよ。どうしてぞっとするんでしょうね？　ジョーカーが言っているのは光と影の話です。光が強くなるほど影は濃くなる。光が存在しなければ影も存在できない。逆に、影があるからこそ光が存在できるとも言える。ジョーカーとバットマンはペアなんです。バットマンが「正義の味方」として力をつければつけるほど、対極にあるジョーカーも強力になっていく。お互いがお互いを必要としてしまっているのです。バットマンはそれを真正面から見つめたくはないわけですが。

ここで急に『アンパンマン』の話をしましょうか。有名な「アンパンマンのマーチ」の歌詞に、「何のために生まれて、何をして生きるのかに、答えられない」ことは嫌だ、という内容が含まれております。最初はそんなことはなかったのですが、映画『それいけ！　アンパンマン　いのちの星のドーリィ』（2006年公開）のときに、原作者であるやなせたかしは、この歌詞の内容を『アンパンマン』の世界設定に組み入れています。

その映画では、ある女の子が、自分がなんのために生まれて、なにをして生きるのか、わからなくなってしまい、存在が消えそうになってしまいます。アンパンマンたちはその意味を見出し、存在が消えないようにする、そういう話です。

さて、この設定は『アンパンマン』の登場キャラクター全員に適用されます。では、バイキンマンは？どうして存在できているのです？

「アンパンマンQ&A」（https://www.anpanman.jp/about/qanda/index.html　最終閲覧 2021.3.14）の中に、

Q：バイキンマンはいつも負けるのに、どうしてアンパンマンと戦うの？
A：バイキンマンは、アンパンマンをやっつけることが生きがいなので、何度やられても、またアンパンマンと戦おうとします。それに、とっても立ち直りが早いので、やられても平気なのです。

と記されています。つまり、アンチ・アンパンマンという「意味」があるからバイキンマンは存在できる、と受け取ることもできます。むしろアンパンマンが消えてしまったら、バイキンマンも消えてしまう可能性がある。さらにいうのであれば、バイキンマンが消えてしまったら、アンパンマンも消えてしまうことになりかねません。お互いに、「本気で」消してしまうことはできない。自分の存在意義のためにも。少し穿ちすぎかもしれませんが。

似ていることに気がつきましたでしょうか。『ダークナイト』と『アンパンマン』。私は、『アンパンマン』のシリアスな部分を実写化したら『ダークナイト』になる、と思っております。これは光と影の話です。まあ、私が好むユング心理学的といえばそうなってしまいますが、神話的な古くから伝わる重要なテーマだということでもあるのでしょう。

幼少期にはなんとなく見ていたものが、大学生になって視野が広がり、作る側のものの見方がわかるようになってからもう一度考えてみると、人間関係の深い部分が描かれていることが見えることがあります。

この私のコメントに対するリアクションに、次のようなものがありました。

「光があるから影がある」「俺がいるからお前の存在意義がある」という稲垣さんの発言は、大変腑に落ちましたし、とても印象に残っている言葉です。光と影の関係性は日常生活においてさまざまな場面に見いだすことができると思いました。たとえば、警察と犯罪者、火災と消防士、労働者と雇用者など、お互いの存在があるから自分も存在することができる、また反対の立場の人間が今の自分の立場をも固めてくれているのだと考えることもできました。

このリアクションへの私の返答です。

確かに、犯罪者と警察、火災と消防士というのは、そういう部分はあるかもしれません。もちろん、バットマンのように、警察が強力になるほど犯罪が凶悪になるかどうかは私にはなんとも言えません。消火能力が高まるほど火災がひどくなるとも考えたくない部分はあります。ただ、光と影の問題は、私は「自分自身の中でのこと」だと思っているのです。プラトンの『国家』も、そういうふうに読んでみてもいいだろうと私は思っているのですが、あれは一応、「正義」についての話ということになっております。あれも、自分自身の内側に「国」があって、その中での話のたとえとして、実際の国家運営の話が登場している、と読んでもいいように感じられるのです。同じように、バットマンとジョーカー、アンパンマンとバイキンマンは、「私の中にいる」。外にいるという話ではないと私には思えるのです。

私自身の中で光が強くなりすぎると、私の中の影がより一層濃くなる。私の中のバットマンが強くなりすぎると、私の中のジョーカーが強力になっていってしまう。

白い画用紙に、白の色鉛筆でデッサンができますでしょうか。できませんね。白い画用紙に、黒の鉛筆で描くから、デッサンができるのです。つまり、影をつけていくからこそ、立体感が生まれます。真っ白と、真っ黒で描くわけではありませんよね。グラデーションさせていくわけです。真っ白でも真っ黒でもなく、さまざまな濃さの「グレー」で描かれることで、立体感が出ます。

多分、人間って、そういうものではないでしょうか。グレーなんですよ、多分。真っ白でも、真っ黒でもなく。でも、それを忘れてしまう。ネット上でも、スキャンダルがある芸能人をとても強く叩く人がいます。正義の名のもとに。私は心配するのです。その人の中のジョーカーが、今まさに、より一層強くなって、知らぬうちに表に出てきているのではないか、と。

立体感がなくなってしまうのです。真っ白でも、真っ黒でも。私は、いい感じで「グレー」でありたいものですが、これもまた、難しいところではあります。うっかりすると「真っ白」を目指してしまい、内側で知らないうちに「真っ黒」な部分が蠢《うごめ》きだし、実は破壊的なことを行ってしまっている。私は、そんなことばかりしているように思います。

自分自身に対する「みえ＝虚栄心」ということを考えるのであれば、自分の中のバットマンが、自分の中のジョーカーを見ないように、手の込んだ自己欺瞞、自分ダマしを成立させているということなのかもしれません。ジョーカーが暗躍しているにもかかわらず、ゴッサムシティ[※2]はとても平和であると必死に取り繕って思い込もうとし、かつ広報しているようなものです。

このコラムの最後に、岸田秀の文章を引用しておきましょう。

歴史が証明する通り、この世の悪事のほとんどは、「正義感」にかられて「悪人」に「正義の鉄槌」を下す「正義の味方」がやらかしたものである。歴史は、善の名でなされなかった悪をいまだかつて知らない。われわれは、「天に代りて不義を討」っているつもりのときに、いちばん悪いことをする。「正義感」にかられているとき、それはサディズムが興奮しているのである。「正義の味方」を自称している個人または集団を見かけたら、恐れて近寄らないのが無難である。そのうちこちらが悪人にされて、そのサディズムの餌食になるのがオチである。

（岸田秀『ものぐさ精神分析』342－343頁）

※2　アメリカンコミック『バットマン』の舞台。ニューヨークをモデルとする架空の都市の名称。

第4章

仕事と趣味について

枯れた技術の水平思考

横井軍平という人は任天堂の社員で、この人の信条に「枯れた技術の水平思考」ということばがある。

横井さんが生きていた1970年代当時、カシオやシャープが電子計算機の大量生産に成功していた。その結果、計算機に使う液晶画面を安く作る技術が安定してきていた。横井さんは新幹線の中で、計算機を使って暇つぶしをしている人を見て、液晶画面をゲームに転用することを思いついたという。こうしてできたのが任天堂初の携帯ゲーム機であるゲーム&ウオッチであった。[※1]

この場合、液晶画面の技術が「枯れた技術」であり、それを計算機や時計以外に使用することが「水平思考」ということになる。

これは個人にも言えることではないだろうか。たとえば運動を続けていたので他の人より動き続けていても平気、という特質があったとする。それは運動以外の不動産屋の外回り営業などにも転用可能な資質ということになる。プラモデルを高いクオリティで作り続けられる人は、緻密で器用であるという資質を時計修理などに転用することもできる。

ただし、ここでポイントとなるのは「大量生産に入ったため、コストがかからず安く作ることができる」ものでなければならないということだ。つまり、その人が長らく継続し、板につき、息を吸うことと同等に行うことができるレベルで「コストダウン」されたものこそが「水平」に移動できる。そのためには、「すでに長く継続していた」という、ハードルの高い基礎が必要となる。付け焼き刃の能力を転用できるわけではない。

また、プラモデルを作ることが好きな人は「プラモデル作成」というジャンルそのものに縛られ、視野が狭くなっていることも多い。プラモデル作成が好きであるがゆえに、プラモデルを制作している会社に入ろうとするようなものである。※2 運動の場合も「運動」自体から視野をそらすことができない。液晶画面を計算機か時計以外に使うことを思いつかないことと同様である。元々のジャンル自体が足かせになってしまう。その視点の転換ができる人間が「発想が豊かな人」ということになる。

自分自身に対して「水平思考」的視点を持つことができる人は稀少ではある。しかし、他人のことであれば見えることも多い。自分のことはわからなくとも、他人のことは見える。他者を見る目がある人に、自分がどのように見えているのか聞いてみるというのは重要である。

※1　横井軍平・牧野武文『横井軍平ゲーム館』に詳細が掲載されている。ここに記したものは「枯れた技術の水平思考」が際立つよう、かなり簡略化してしまっている。実際には当時の任天堂社長、シャープ社長などの関与があった上での結果であり、最初から横井が液晶画面を用いることまですべて含めて発想したわけではない。

※2　もちろん、それはそれで構わないことではあるが、プラモデル「だけ」にしか興味関心がない場合、なかなか難しい。

枯れた技術の埋蔵量

ここでゲームクリエイターのことを思い浮かべてみる。これはどの分野でも言われることだが、たとえば「ゲームばかりやっていた人」がいいゲームを作れるわけではない。今でも『ドラゴンクエスト』を作り続けている堀井雄二は、元々かなりの博識で、神話にもミステリーにも詳しい。『ファイナルファンタジー』[※3]シリーズを作った坂口博信だって、やはり博識な人であった。もちろん、先行するゲームに影響されていることはあっても、元々「転用可能な」「枯れた技術」を大量に持ち合わせている人々であったということだろう。「そのジャンルの中だけ」にいる場合、どんどん視野は狭くなる。

お笑い芸人だって同じだ。一流と呼ばれる人々は、様々な「転用可能な」「枯れた技術」を大量に持っている。映画を撮ることや本を書くことでも一級のものを生み出せるということは、「枯れた技術」を多く持っていることの一つのあらわれだ。

ゲーム制作に絞っていれば問題はなかったのに映画製作などで失敗する例や、お笑いに限っていれば良かったのに文化人になろうとして失敗するケースもあるかもしれない。しかし、少なくとも「転用可能な」「枯れた技術」を、個人の中に多く埋蔵していることが、豊かな表現のためには必要である。そうでなければ先人の劣化コピーになってしまう。

私は趣味的活動に関しては真剣に選んだ方がいいと思っている。たまたま仕事に転用できるものがあったとしても、少なくとも最初から仕事用に趣味を持たない方がいい。それは表現の貧しさへ一直線に進んでしまいかねない。趣味的活動とは内的なものの表現であることがとても多い。たとえば一人でいるとき、自分自身を観客として、自分自身に表現し、対話するための重要な「窓」となる。特に自粛期間のような強制的に家に待機せざるを得ないときに、趣味的活動がなかったとしたら、内的なものを表現するチャンネルがなくなってしまう。ただし、この場合の趣味的活動は、何らかの表現を伴っている必要がある。単に消費するだけではいけない。映画を見たのであれば、それに関して考察文を書いた方がいい。本を読んだときも同様である。ガンダムのプラモデルであっても漫然と作るのではなく、「もし、この量産機に俺が乗るとしたら、どういう色合いにするか」を考え、塗装した方がいい。写真を撮り歩くにしても、昨日よりも、何か工夫を入れた方がいい。アングルでも、色使いでも、何でもいい。それこそ、ＳＮＳに画像やデータをアップすることを目的にしても構わない。ここで重要なのは「失敗」ができるということだ。仕事ではないから失敗し放題である。何より、そ

※３　**『ファイナルファンタジー』シリーズ**　１９８０年代からある、日本を代表するロールプレイングゲーム。メインのシリーズは15作品出ている。「魔王が復活したから勇者が仲間を連れて倒しに行くのかと思ったら、いろいろあって、最終的には時の支配者みたいなのと戦うことになったりする」話も多く、ちょっとわかりにくい。10作品目まではシナリオに坂口博信が関わっていた。ファンがとても多い。ＦＦと略すのが一般的だが、ファイファンと略す人もいる。

れらの作業を通して、自分自身との対話が進む可能性がある。

対話とは「相手との差異を認識し、それをより一層深め、理解していくこと」である。「同じ部分を探し出すこと」ではない。「違い」を際立たせ、その上で理解し、認めていくことなのである。では、自分自身との対話とは一体何だろう。それは、自分が勝手に思い浮かべている自分像、いわば「架空の自分」と、「現実の自分」との「違い」を一層際立たせ、理解して、「互いに」認めていくことなのだ。どちらかがどちらかを駆逐するのではなく、どちらも必要であることを認め、理解し、「同じではない」ことを認識していくことが必要なのである。その上で「折り合い」をつけていくことが必要で、そのような作業がそれほどリスクなくできるのは、趣味的活動における「窓」を通してである。仕事ではこうはいかない。金銭が絡み、生活にも関わってしまう。

趣味とは低俗なものではない。趣きを味わうのである。そして定義上、それは「仕事ではない」ことなのだ。仕事というものの方がお金と直結しているため、仕事の方が低俗と考えることだってできる。

消費者としての「好き」

私はゲームが好きで、随分と長い間ゲームをやり続けてきた。ただ、好みが偏っており、どのようなゲームでもいいというわけではない。音楽も好きだが、やはり好みが偏っている。大学生の頃はこの先どうやって生きていくか、ということを真剣に考えていなかったから、随分焦っていたことを思い出す。あのとき私は「消費者として好きなこと」を組み合わせ、ゲーム音楽を作る人になってみたいとか、ゲーム雑誌の編集者になってみようということを考えていた。作曲についての知識はなく、楽器もできなかったから、データ打ち込みならなんとかなるかもしれないと思い、ゲーム音楽の制作を教えてくれる専門学校を探したりもした。実に安直である。ただ、一人静かにインターネットでチマチマ調べていたので、誰からも文句は言われなかっただけだ。しかも、当時の私の趣味はただ、ゲームや音楽を消費していただけであった。

受け身だったのである。感想文すら書かず、当然考察文など書いていなかった。音楽も自分では作っていない。そのことにうっすらと気がついた私は、大学院生になった頃から、ゲームに関する考察文を書いて、匿名でブログを作ってみたりした。独学で音楽もはじめてみた。ごく親しい人に文章を読んでもらったり、パソコンで作った音楽を聞いてもらったりした。その反応から改善点が見つかり、「見せたい」「聞かせたい」という気持ちから、技術も上がっていった。金銭でつながっていない分、のびのびと楽しんで失敗することができた。このように「特にリスクがないセクション」において、「架空の自分」と「現実の自分」のすり合わせができた。他者の鏡を通して「現実の自分」が見えてくる。これが趣味的活動において、きちんと表現が伴っていた場合の重要な効果である。

技術が上がってくると、だんだんと他者を喜ばせることができるようになってきた。ゲームの考察文を読んでそのゲームをやってみたいと言ってくれる人が現れた。私の音楽をピアノで弾きたいという人が現れた。それならば、もっと喜んでもらえるにはどうしようか、と考えはじめる。この時点では、たしかに、消費者として好き、という状態から少しずつ離れてきていたようである。受け身ではなく、与える側に少しはシフトしていたらしい。

このようなことが、「仕事」のセクションでできただろうか。おそらく、うまくいかなかったのではないかと思う。趣味的活動だったからこそ安心して「失敗」できた。失敗できなければ、技術が上がることもなかっただろう。

私の「枯れた技術」の埋蔵量などたかが知れているが、少なくとも本書の中に、当時から続けていたものの影響が見える。ゲームの内容がたとえとして入っていることもそのあらわれであるとも考えられる(ゲームに興味がない人には申し訳ない)。文章を書くことそのものだって、ブログを記し続けていたことと関係しているのだろう。章の順番や構成は、自分で作曲したものをアルバムとしてまとめるときに曲順を考えたときと同じような脳部位を使っている印象がある。また、文を音読したときの「音」には、私なりにこだわっている部分もある。これは多少、音楽的な要素が関わっているかもしれない。しかし、ゲーム考察文を書いていたことや作曲をしたことは、当然、本書を記すためではない。あくまで、「たまたま流用できたもの」[※4]だ。

好きなことの四段階

「好きなこと」の定義が人によって異なっていることは十分に理解できる。仕事にしない方がいい「好きなこと」は、特に「消費者として好き」という段階に留まっている場合である。継続していくことによって何かが「枯れた技術」となり、コストダウンされたものになり、コアになる部分をつかんで近接する他の分野にもその技術が波及し、「水平思考」を別分野にも転用することができ、他者に与えることができるようになれば理想的だ。しかし「他者に与える」という部分が問題である。ここに、自分への偽装が入り込みやすい。段階に分けて考えてみよう。

まず、どんなに好きなものでも、スタートの段階では「消費者として好き」からはじまることが多

※４　こんな話をすると、たとえば不登校・ひきこもりの子どもに対応する人は、「ならば、消費ではなく、表現させよう」と焦ってしまうことがある。しかし、強制してもやれるはずがないではないか。表現したいと思えるのは、相手がいる場合なのである。まずは「見てくれる」「聞いてくれる」人が必要なのである。その最初の一人に、親や教師がなってもいいではないか。ただ、「真剣に見る」「真剣に聞く」ということは、実は、そう簡単なことではない。

い。音楽を聞く、ゲームをする、本を読む、映画を見る、ネットで動画を見る、授業を聞く、指導を受けるなど。しかし「消費者として好き」という段階は、あくまで「楽しませてもらっている」こと自体が好きなのである。それは、金銭を払って交換する楽しみだ。だからこそ「消費者」であり、受け取る立場なのである。遊園地にはお金を払って行くものだ。遊園地に行って楽しませてもらい、その上お金をもらえると思ったらそれは大間違いである。

次にもう少し進んで、多少は他者に与えられる何らかの技術が身についてきたとする。音楽を作る、ゲームをプログラムする、文章を書く、塾講師のバイトで授業をするなど。しかしほとんどの場合、その段階ではその人は誰かに「褒められること」を欲している。先生に褒められるために学校で課せられた自由研究課題を頑張るようなものだ。自分を褒めてくれる存在から認めてもらいたくて頑張る。ある意味ではまだ消費者なのだ。これはいわば与えたフリをしている受け取る者である。とはいえ、これらの段階を経ることはどうしても必要だ。少なくとも消費資本主義の現代日本においては、消費者としてスタートすることはほぼ避けられないだろう。数段飛ばしで先に進む天才型もいるかもしれないが、私を含めた凡人は一段ずつ進んでいくしかない。

三つ目の段階として、ここまでの間で「商品」に対する見る目が育ち、褒められたり指導を受けたりする中で技術が育っていれば、見る目と技術の組み合わせによって「できること」の範囲が増大する。その「できること」は、消費者として好んでいたゲームや音楽かもしれないし、全く異なるジャンルのものかもしれない。しかしいずれにしても、それは「できること」である。この「できること」を用いて、「褒められること」よりも、「喜ばれること」に視点が移っていくと、与える立場に近づく。

自分より上位の存在から褒められることによって気持ち良くなるというよりも、自分が「できること」によって生み出したものを消費する人たちが「喜んでくれる」ことを求めている。とはいえ、消費者から「喜ばれること」によって自分を気持ちよくさせようとしていることが課題である。つまり、消費者を自分のために道具のように使ってしまっている側面がある。その意味では真に与える立場に移行できたわけではない。極端な場合、自分がいい気持ちになれなければ放り投げてしまいかねない。

もちろん達成感はあっていい。しかし、いい気持ちを求めることと、達成感を求めることはやはり異なると考えた方がいい。達成するとは、あくまでも目標の設定とそのクリアの問題なのであり、対人関係における情緒的なものとは軸が異なる。慕われることや、個人的に喜んでもらえることというよりも、システムとして益をもたらすことができるかどうか、という目標設定と目標達成を淡々と繰り返すことが満足感につながったとしたらおそらく、最後の段階に入ったということだろう。

「嫌いなもの」が減り、「できること」が増えるとどうなるか

私は、「仕事を選ぶときには、やっていて苦がないものを選んだ方がいい」という言い方をすることが多い。何も「嫌いなものを仕事に選べ」と言っているわけではない。「やっていて苦ではないもの」は、巨視的に見れば「好きなこと」の範疇に入っているものなのである。「好き」の逆サイドにある「苦

しい」を否定する形で「好き」を定義すれば、範囲が急激に広くなる。

「できること」をX軸、「好きなこと」をY軸にとって考えてみよう。これは友人が教えてくれたことなのだが、仕事は「好きだし、できること」「好きだが、できないこと」「好きじゃないが、できること」「好きでもないし、できもしないこと」という4種類の分け方ができる（図3）。「好き」の定義範囲が広ければ広いほど、選択肢は増える。

「好きなことを仕事に」というキャッチコピーを見かけることも多いが、あれは「消費者として好きなことをそのまま仕事にして、受け取る立場で楽しんで、お金もゲットしちゃいましょう」という意味と理解されやすい。そうではない。私の知る限り仕事を楽しめている人は、「好き」の範囲が猛烈に広い。できることも多い。「枯れた技術」も多く持ちあわせていて、「水平思考」もできる。これは、「消費者として好き」という状態とはまったく異なる。

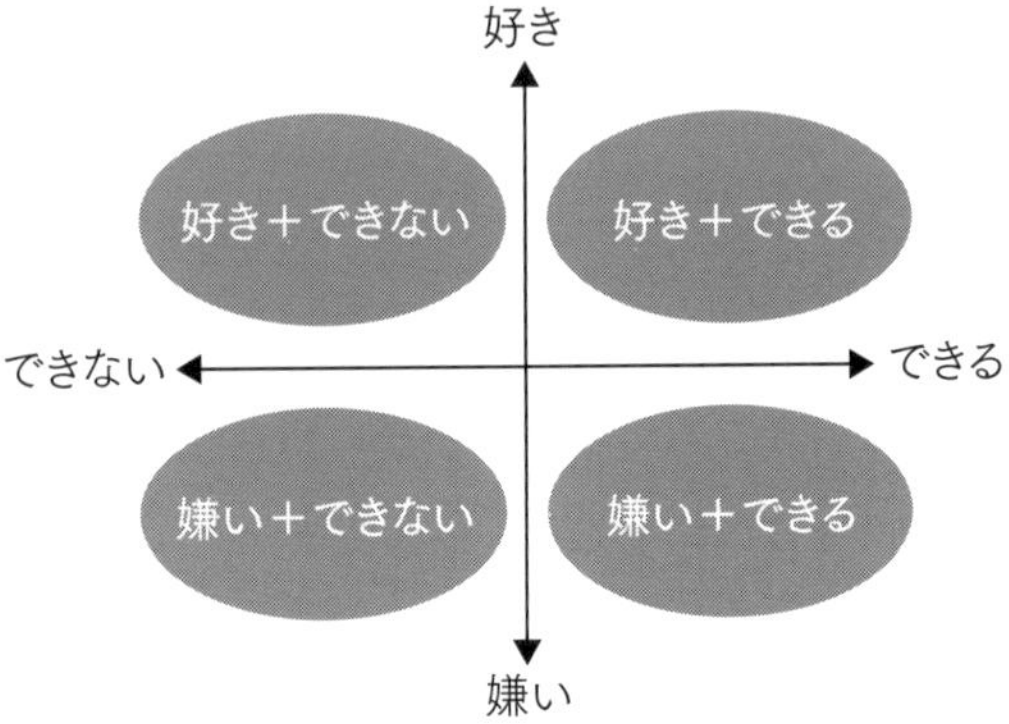

図3：「好き・嫌い」「できる・できない」で分けた場合

まず、教育を受けている間に「やっていて苦しい」ことが見えてくる。苦しいか苦しくないか、というのはあくまで比較の問題である。だから、それぞれがどのレベルで苦しいのか判断するために、様々な課題を行ってみる。やったことすらないものにも手を出してみる。すると、やっていて苦しいが、ある程度コツをつかめばそこそこできるものも出現する。やったことがなかったけれど、案外苦しくないものも見つかったりする。こういうことを繰り返していると、Ｘ軸が下がっていき、Ｙ軸が左側へ寄っていく（図４）。結果的に「好きだし、やれること」の範囲が広くなっていく。おそらくこれが、モラトリアムの時期にすることなのだろう。

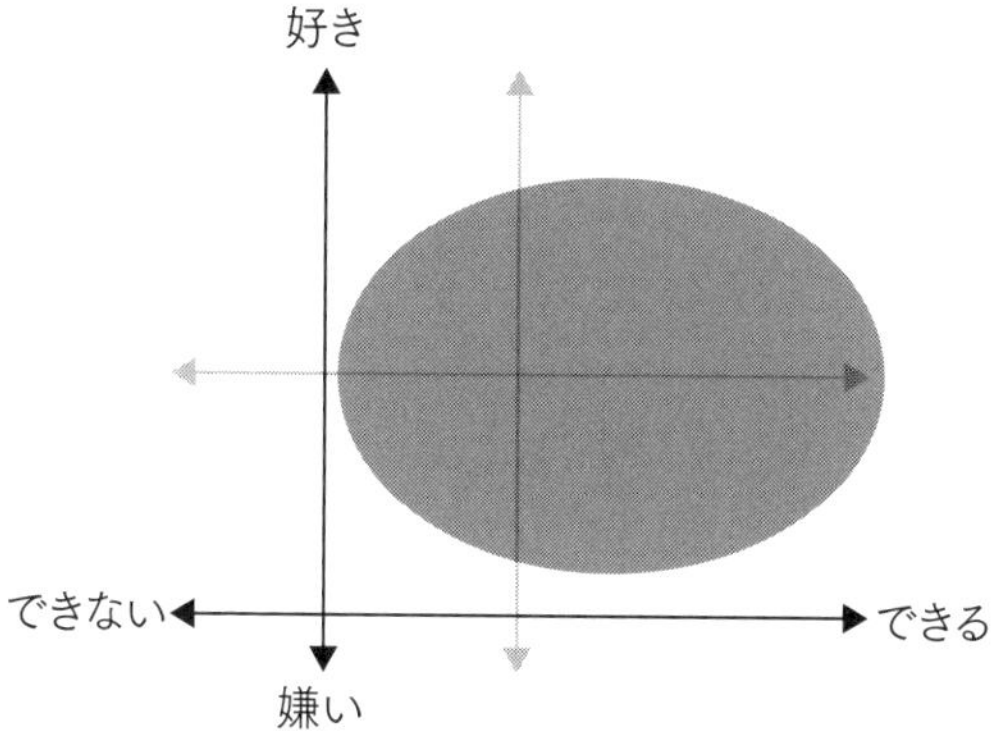

図4:「嫌い・できない」が小さくなった場合

もちろん、範囲が広がったとしても、その中で飛び抜けて好き、というものもあるだろう。その中で飛び抜けてできる、ということもあるだろう。しかし、おおよそ「好きだし、できること」の範囲の中に入っているのであれば、「仕事」としては御の字ではないだろうか。ただしそのためには、ある程度「枯れた技術の水平思考」を行わなければならない。それそのもので考えると身動きがとれないことも多い。

たとえば私は、他人の悲痛な話を聞き続けることがそれほど苦ではない。人前でしゃべることも苦ではない。本を読むこと自体は苦ではない。コンピューターをいじることが苦ではない。手先を動かして細かな作業をすることが苦ではない。文章を書き続けることが苦ではない。サブカルチャーに触れることが苦ではない。何かを調べることもそこまで苦ではない。早起きすることが苦ではない。食べ物に好き嫌いはない。

年上の人、あるいは年下の人と接するのが苦ではない。子どもと遊ぶことが苦ではない。ただ単に、苦ではないのである。

これらの中で、「できること」はどれであろうかと考えると、いくつか順位がつくことになる。組み合わせによっては、それなりに効力を発揮する場があることも理解できる。どれが得意であるか、ということになると自分では判断ができない。なぜなら、得意か不得意かというのは他者と比較した場合にのみ有効な観点なのであり、それは見る目がある人が判断するしかないからだ。だから、自分のことを自分よりも理解している人を見つけることに労力を割いた方がいい。思いもよらない人が、自分の持つ「枯れた技術」を「水平思考」してくれる場合もある。それは友人かもしれないし、美容院でカットをしてくれる人かもしれない。先輩かもしれないし、近所の子どもかもしれない。それが「先生」でなければならない理由はない。

もちろん、「好きでもないし、できないこと」しか選択肢はなく、それで食べていくしかない場合もある。それはとても不幸である。戦時下などはまさにその例だ。ただ、この「やっていて苦ではない」ということをいかに増やすことができるか、自分には何が苦ではないのか、ということを掘り下げていくことは重要だ。

趣味と仕事

とはいえ、趣味と仕事を一緒にしてしまうことは大きなリスクでもある。たとえばアニメや声優が好きで、アニメ・声優雑誌に関係する仕事についたとしよう。その仕事をしていれば最新のアニメにも深く触れることができるし、声優と直に接することもできる。作業の中で嫌いな声優や興味のないアニメに携わる必要もあるが、好きな声優や好きなアニメに触れられる可能性もあることを考えれば耐えられる。ネット上ではアニメや声優に関する掲示板で匿名のやりとりを行い、個別にやりとりをする人たちとチャットをして楽しむ。イベントがあれば足繁く通い、そこでできた仲間たちとオフ会を楽しむ。そこでの自尊心や自己評定は、自らがアニメ・声優業界に携わっているということでも確保されている。しかし仕事が上手くいかなくなると、これらの楽しみがすべて崩れてしまうことになりかねない。

もちろん、消費者として好きなことを仕事に選ばなかったとしても同様のことは起こりうる。たとえば私にしても、40歳を超え、大学教員ということ以外のことはあまり考えられなくなっている状況で大学教員を辞めさせられたとすると、自尊心や自己評定は大いに傷つくだろう。小学校からの大切な友人たちや、中学、高校、大学からできた友人たち、家族など、仕事とは関係のない人たちも多い。それらの関係性は仕事を辞めても揺るがないかもしれない。完全に趣味を介してつながっている人々との関係もそう簡単に揺るぎはしないだろう。過去の職場で知り合い、今は仕事と関係なく付き合いのある人たちとの関係も崩れることはないだろう。しかし、仕事上での人間関係は概ね崩れることになるだろう。もし、あまりにも仕事の役割を中心としてできあがった人間関係のみに注力している場合、非常にもろい。

上手くいっているうちはいい。一生上手くいくという可能性もある。しかし、その確率は非常に低い。一生仕事が上手くいっている状態というのは英雄的なのである。好きな音楽活動で死ぬまで一線を走り続けた人たちというのは、ただそれだけで英雄である。一握りにも満たない。それは明らかに「外れ値」で、基準として考えない方がいい。

では、アニメや声優が好きであることは趣味として確保し、仕事ではなくアニメや声優の技量に関する評論をしていたとしよう。おそらく文章力は上がっていて、声の演技に関しては耳も肥えている。映像表現に関する見識も深まり、本物と偽物を区別することができるようになっている。物語構成についても理解が深まり、色彩感覚も磨かれる。主題歌の選択やBGMの使い方などにも詳しくなる。このような「枯れた技術」は、他にいくらでも「水平思考」できそうではないか。教科書を編集する仕事にも転用できるかもしれない。結婚式の司会者のマッチングを適切に行えるかもしれない。趣味で培った技術部分を仕事に流用すればいい。カテゴリ自体は趣味と仕事で分けた方がいい。しかし「好きだし、できること」の範囲が広がっているのであれば、仕事も趣味も、どちらも「好きだし、できること」の中に入っていることになる。

仕事はいくつもある自己評定材料のうちの一つ、というポジションである方がいい。しかし、虚栄心はここでも悪さをする。やはり「選ばれし者」になりたくなってしまうのである。だから「ひとつまみ」の、スーパーエリートの、「消費者として好きなジャンルで、楽しんで、しかもお金が稼げる」ポジションを狙ってしまうのだ。

コラム④

支払いの執行猶予

あるアイデンティティに関する授業でのリアクションに、以下のようなものがありました。

私は今年卒業します。大学院進学も考えましたが、今からもう一つ、大学に行くことを決めました。合計で8年間大学に行くことになってしまいますが、夢をあきらめず、頑張ることにします。それは決して、周囲に遅れをとることではないと、私は思っています。稲垣さんはどうお考えになりますでしょうか。よろしければ、意見を伺えればと思います。

以下、私の返答です。

すごいですね。私、自分の学生時代のことを考えると、大学生の4年間というのは、決して手放しで楽しいと思えるものではなかったので、あれをさらにもう4年やれ、と言われたら、もうイヤでイヤで仕方なくなってしまいそうです……。

「夢」というのは難しい言葉ですね。おそらく、太平洋戦争より前でしたら、夢という言葉は今のようには使われていなかったのではないか、とは思います。あくまで「寝ているときに見る夢」のことだったでしょう。

多分、アメリカで用いられる「アメリカン・ドリーム」という言葉の中の「ドリーム」を直接的に訳したのではないか、と私は思っているのですが、どうでしょうか。
たとえば、『転換期を生きるきみたちへ』の中に、小田嶋隆の文章が載っております。

「夢」という単語が、ほぼ必ず「職業」に結びつく概念として語られるようになったのは、この三〇年ほどに定着した、比較的新しい傾向だということだ。

（内田樹［編著］『転換期を生きるきみたちへ』128頁）

「食っていくためには働かないといけない」というシンプルな断言が、彼らの職業観を物語るほとんどすべてだった。夢がないといえば実に夢のない話だが、当時、仕事と夢は、同じどころか、むしろ正反対の言葉だったのだから仕方がない。（…中略…）昭和の人間がすべて正しかったというつもりはないが、少なくとも職業観について述べるなら、彼らの方がずっと堅実だった。堅実だったということの意味はつまり、昔の人間は、職業をそんなに大げさに考えていなかったということだ。具体的に言えば、金儲けの手段。生活の糧。とりあえずの食い扶持。それで何が悪い？　といったあたりが、昭和の職業観の偽らざる実体だったわけだ。（…中略…）「生きがい」や「自己実現」や「アイデンティティー」やら「自己表現」を、「職業」の中に求めるのは、筋違いだということは、はっきり申し上げておく。

（同前　137-139頁）

私が今40代ですので、私が小学生の頃、つまり1980年代あたりから「夢＝職業」のような定式がなされてきたのかもしれません。仕事とは「金儲けの手段。生活の糧。とりあえずの食い扶持。それで何が悪い？」という感覚ではなくなったというのは、生活していくために汲々《きゅうきゅう》としなくなったからこそ考えることができる、という部分があるのでしょう。余裕ができたからこそ言えることなのかもしれません。戦後直後など、職業を選択する余裕なんてなかったでしょうからね。

あまり細かく言っても仕方がないのですけれど、ほとんどの場合、「将来の夢」って、一つの「目標」のことですよね。医者になる、弁護士になる、公認心理師になる、なんでもいいのですが、よく聞く「将来の夢」って、そういうタイプのものがとても多いですね。教職課程で教えていると「教師になるのが夢です」という学生の言葉はとてもよく聞きます。でも、何かの職につくって、いわばスタートラインでしかありませんよね。「教師になるのが夢」って、教師になったら終わっちゃうじゃないですか。「夢は世界征服です」とか言われたら、これはまた違ったニュアンスにはなりますけれど。

もちろん、達成可能な目標をいくつも置いて、それを一つずつクリアしていく、というのは私は重要だと思っております。でも、「あなたの夢は？」と聞かれた場合には、そうですね……。私だったら、「ブラックジャックのように存在すること」とか言っちゃうでしょうね（笑）。ブラックジャックは、手塚治虫の漫画の主人公です。いや、なにも「いつも黒いコートを着て、内側にはメスを何本も入れておきたい」とか「天才無免許外科医になりたい」とか、そういうことではありません。

『ブラックジャック』の中では、特に「地下壕にて」という話がとても好きでして、できれば原作を読んでいただければ、と思います。最後にブラックジャックが地上に上がる際にある金持ちに言う言葉、そしてそのまま立ち去っていく様子、あの「生きる、死ぬ」ということに関してヒリヒリしているあり方が私の「夢」なんです。私が「夢」という言葉を使いたいときというのは、「どのように存在していたいのか」ということなんです。

だって、せっかく「夢」という言葉を使っているではないですか。どうです？　皆さん、朝起きたときに覚えていた夢、今思い出せますか？　朝起きた直後は結構覚えていたものでも、今になったら忘れてません？　まあ、いいんですよ、それで。それが夢なんです。午前中は覚えていても、午後になったら忘れてるものなんです。精神科医の中井久夫さんもそう書いてます。でも、頑張って覚えておこうと思って一日中思い出そうと努力していたら、午後になっても思い出すことができるんじゃないでしょうか。だから、「そういうもの」に、私は「夢」という言葉を使いたいのです。

私が「ブラックジャックのように存在していたい」という気持ちは、いつも、常に、思い出そうとしなければ消えてしまいます。うっかり忘れてしまいます。そもそも、この話をしようと思ったから今は思い出せておりますが、気を抜くと今日の夕方にはもう「ブラックジャックのように存在していたい」という気持ちは忘れてしまうのです。ほら、まるで夢のようでございましょう？

さて、ずいぶん細かい話をしてしまいましたが、リアクションペーパーを書いてくださった方は、何らかの目標があって、もうひとつ大学に入り直す、ということでございますね。先に申し上げておきますが、全然構わないのではないですか。ただ、ある程度条件はあるかもしれません。

授業中に「モラトリアム」という言葉が出てきました。これは、日本語では「猶予期間」と訳されることもあります。元々は、不況などのときに、借りたお金を返済することができなくてもいい、支払いは先延ばしにする、ということをモラトリアムと言うようです。だから、猶予期間。執行猶予、と言うと言葉がきつくなりすぎますが、ポイントは「払わなくてもいいわけではない」ということです。いつかは必ず払わなければならないのです。

大学生の4年間をモラトリアムと表現するときにイメージされるものは、基本的には「仕事につくまでの期間」ということなのでしょう。仕事につくことが「支払い」というのもよくわからないところがあるかもしれません。というか、私にはちょっとうまく理解できないところがあります。これは多分、仕事に限ったことではないのだろうと私は思っているのです。

たとえばこんなふうに考えてはどうでしょうか。

池田修『教師になるということ』の中に、教育はラグビーに似ている、という話が出てきます。ラグビーは「後ろ」にしかパスができないんですね。このパスの形を教育にたとえていることになります。つまり、親や教師から受けた教育は、皆さんの後に続く世代に渡さなければならない。池田修は「恩送り」という言い方をしております。いいですね、「恩送り」っていう表現。「恩返し」じゃないんですよ。

とすると、一体何を、誰に支払わなければならないかが少し見えてきませんか？ 受けた恩を、次の世代に支払うのです。いいですか。親や恩師に返すんじゃないんですよ。次の世代に渡すんですよ。親に感謝しなくてもいい、という話ではありません。適切な感謝はしてください。でも、少なくとも「何か」を次の世代に渡さなければなりません。

まるでサンタのプレゼントみたいですね。これは内田樹も『困難な成熟』の中で書いておりました。サンタからのプレゼントって、実際には両親が用意しているわけですが、そのプレゼントは両親に返すわけではありません。次の世代にプレゼントを渡さなければならない。そうしなければ反対給付が完成しない。

そういう意味で、たとえばもし、大学を8つ行き続けることはどうなのか、ということも考えてみると面白いかもしれません。合計32年。18歳で大学に入ったと考えれば、卒業時には50歳。これはちょっと、次の世代への「恩送り」のタイミングとしては遅いかもしれません。

また、「支払いの猶予」ということですので、モラトリアムの期間中に「何もしない」わけにも参りません。その間に、次の世代に渡せる「何か」を蓄えなければなりません。だから、4年で卒業し、次の大学に行ってもう4年過ごすことで、「次の世代に引き渡せる何か」を蓄えることができる、そして支払うことができるという見通しがあるのなら、私は全然構わないと思っております。

これはつまり、何かを学ぶということは、自分だけが満足するために行うことではない、ともいえます。とはいえ、まずは自分が満足できなければ、誰かに渡すこともできないものではありますけれど。

いかがでしょうか。質問の答えになっていればいいのですが……。

第5章

フィルター越しに見る世界

フィルター越しの世界

かつて私がスクールカウンセラーとして関わったある中学生男子が、アニメ『けいおん！』[※1]の世界に憧れていた。高校生になれば、アニメのように魅力的な女子が揃い、明るく、毎日がお祭りのような世界が待っていると思っていた。しかし彼は実際に高校に入ってから、「なんか、中学の頃と、結局変わらないですね……」と私に言った。冷静に考えて、極めて特殊な高校に行ったのならまだしも、彼が行っているのは同じような地域の、同じようなメンバーが集まっている高校で、中学の頃とそこまで大きく変化することはないのだ。しかし、彼は中学生の頃、そうは思っていなかった。

また別のある日私は、普段は見ない朝のドラマをたまたま目にしたことがあった。そこには、素直な子どもと、子どもを第一に考える温かい母親と、その妻を芯から理解する夫が出ていた。そんな人々が実際にいるのだろうか。そんな世界がどこにあるのだろうか。そういえば、『GTO』[※2]に憧れて学校の先生になったという人もいた。『3年B組金八先生』[※3]に憧れて教師になった人もいた。彼らと『けいおん！』に憧れていた中学生男子は一体どこが違うのだろう。

目の前に何かフィルターがかかっている。「自分は聖なる殉教者である」というフィルターがかかっていれば、恐ろしい苦境であっても喜びに変わるのかもしれない。世界が地獄であるというフィルターがかかっていれば、誕生日にプレゼントをもらっても、それは世界が崩壊する予兆に思えるかもしれない。

それほど極端なものではなくとも、多かれ少なかれ、私たちはフィルター越しに世界を見ている。完全に払拭されることなどない。そもそも、言語というものがその根本的なフィルターの役割を果たしている。自分がどれだけ多くのフィルター越しに世界を見ているのか自覚できる。中学生の彼は、高校生になったとき、「中学の頃と変わらないですね」と言った。それが自覚である。

※１『けいおん！』　女子高生５人が廃部寸前の軽音部でバンドを結成して活動していく話。元は４コマ漫画、２００９年からアニメ化。

※２『ＧＴＯ』　藤沢とおるによる漫画も人気があったが、反町隆史主演のドラマシリーズもかなり人気があった。漫画は１９９７年から２００２年に連載。ドラマは１９９８年に放映。極端な元非行青年である鬼塚英吉が、替え玉受験で大学生となって、何だかんだいろいろな事情で中学教師になる。鬼塚による「授業」自体は別として、教育現場的には異次元な上にいくつかの犯罪行為を含みさえするが、人間的には極めて重要な部分の道理を通した「生徒指導」をするために、生徒たちが結構変化していい感じに成長していくという話。

※３『３年Ｂ組金八先生』　１９７９年から２０１１年までの間に、何度もシリーズが放映されているテレビドラマ。武田鉄矢主演。生徒に寄り添った行動と見えなくもない「熱い」対応をする中学教師の話とのこと。ドラマを見るのに向き不向きがあるという話を聞く。金八先生が好きな人と嫌いな人では、ドラマ自体の話題を超えて、そもそも「あまり話が合わない」ということもあるらしい。私は一度も見たことがないので何も言えない。

「基本OS」に基づいて世界を理解している

世界を見るフィルターは、自らが空気のように吸っているもので構成される。自分の家の匂いのようなものだ。客はその匂いに気がつくが、住んでいる人間は気づくことができない。同じように、自分がどのようなフィルター越しに世界を見ているのか、自分だけで自覚することは困難である。他者との関わりが必須だ。他者との関わりの中で、まずは「住んでいる家には匂いがある」ということに気づかなければならない。「自分では無臭だと思っているけれど、実際には自分の家にも特有の匂いがある」ことについて気づかなければならない。

「自分の家の匂い」にたとえたが、「自分が世界を見るフィルター」とは、大きく言えば文化だ。たとえば、日本の特定の地域に住んでいる際にはそれが自然だと思っていた作法のようなものがある。それがたとえばフランスでは、イタリアでは、ブラジルでは、まったく一般的ではないことなどいくらでもある。同じ日本であっても、他県ではまったく異なる作法などいくらでもあるだろう。あなたの家で、夕飯を食べる際にどのように食べているのか。テレビを見ながら食べてもよいのか。肘をついて食べるのはどうか。食事をしながらタブレット端末をいじってもよいのか。家族全員が揃わないと食べてはならないのか。そういうものは、その家の中では「普通」になっているかもしれない。しかし、他の家ではまったく「普通」ではないことがある。エスカレーターの乗り方、電車内でのマナー、電話をかけていい時間帯。いくらでも思いつく。それは個人の間でも同じで、他者は、異なる文化圏に生きている人だと思ってもいい。

同じ言語を用いていれば、まるで同じことを指し示しているかのように感じられるが、たとえば「友人」という言葉は同じことを指し示しているのだろうか。私は授業の中で、学生に「友人」の定義を無記名で記してもらい、回収し、ランダムで読み上げることがある。そうすると学生たちはその定義の違いにびっくりするようだ。その中からいくつか回答を抜き出してみる。

・顔と名前が一致している人
・挨拶をする間柄
・一緒に遊ぶ人
・一緒にいて心地いい人
・腹を割って話せる相手
・楽しいときも、苦しいときも、共に過ごし、支え合うことができる相手
・仲が良くなくとも、たとえ頻繁に会うことがなくとも、あるいは会ったことがなかったとしても、同じ志を持ち、一つの目標に向かって何かを成し遂げようとしている者同士
・５万円貸せる人[※4]

顔と名前が一致していれば友人であると定義している人もいれば、まるで結婚式の「病めるときも

健やかなるときも」レベルの相手を友人と定義する人もいる。こうなってくると、「昨日、友だちがさー」と話しはじめても、自分が想像している「友だち」と同じレベルの「友だち」を指しているかは不明である。もちろん、「友だち」という語を用いる文脈をよく聞いて、その人がどのような相手に対して「友だち」という用語をあてているのかがつかめれば理解できる。

この感覚は、外国語を学ぶときの感覚に近い。たとえば、言語哲学者である井筒俊彦は英語のweedについて次のように記している。

英語にweedという語がある。訳して「雑草」、ある辞書によれば、その意味は「必要のない所に生えた野生の草」、つまり不要の草。しかし、客観的実在の世界、すなわち自然界、には「不要の」草などというものはひとつも存在しない。そのようなものは、無限に複雑な自然物を見て、それらを秩序づけ、さまざまな目的に従って評価する人間の目によってのみ存在する。つまりweedという概念は、このような秩序づけ、種別、評価の結果なのであって、この意味において、それは人間のこころの独特な視点としての主体的な態度のあらわれであるにすぎない。（井筒俊彦『意味の構造　井筒俊彦全集第十一巻』14頁）

雑草という言葉そのものに疑問をいだいたことのある人がどれだけいるだろうか。自分の用いている言語について、「これは一般的なものではなく、実は特殊なものかもしれない」という意識がなければ気がつかない視点であるように感じる。そういう意識を得るためには、外国語を知ることが近道である。相対的に自分の用いる言語をとらえることができるからだ。単語の意味だけであっても、成り立ちが異なり、切り取っている区分が異なる。

たとえば「主体的」という言葉は subjective の訳語であるが、subject は sub と ject の合成語である。sub は「下に」、ject は「投げる」という意味だ。「下にぶん投げられている」ということが主体的というのは一体どういうことだろうか。一体、何の「下」なのか。なにを、どこに投げたのか。イメージとしては、知恵の実を食べてしまったことにより、楽園であるところのエデンの園から追放され、神に従属していればいい状態から「下にぶん投げられた」ということなのだろう。神との直接的なつながりが途絶えたために、人間が自分だけで考え、行動しなければならない状態が sub-ject という用語が持つイメージである。かなりキツい言葉だ。もちろん、日本語[※5]で「主体的」と用いるときに、聖書的な考え方を思い浮かべなくともいいし、単純に「誰かの指示を待つのではなく、自分で考えて行動する」という意味で用いてもいい。しかし、subject を母語として用いる人々は、その語が持つニュアンスを同時に想像していることは十分に考慮すべきだろう。

ほかにも、たとえば「好き」と「like」はずいぶんニュアンスの異なる語である。英語で like という場合、

※４「５万円貸せる人」という定義は面白い。５万、という金額設定が絶妙である。想像してみると、友人という言葉で呼ぶことができる相手以外に、借用書もなしに、返ってこなくても構わないという気持ちで５万円を貸すことはできそうにない。まさに現金な例ではあるかもしれないが、かなり具体的に場面を想定することができる。

彼女は今や、ある人を好む〔like〕ことができる限りにおいて、その人のように〔like〕なるのだ、と感じていた。

（R・D・レイン『引き裂かれた自己』233頁）

というような連想が浮かぶのである。「好き」を「～のように」と用いることはできない。「好き」と「like」は、ベン図で重なる部分もあるが、まったく同一の語ではない。世界の切り取り方が異なっている。このような例はいくらでも見つかる。

言語の構造をたとえとして引用したが、それは、「世界を切り取る方略が、人によってずいぶん異なる」ことをイメージしてもらうためだ。文化が異なれば、言語が異なれば、世界の見え方が変わる。日本語と外国語との違いと同じようなことが、個人にもあらわれている。

世界を区分する方略というのは、コンピューターのオペレーションシステム（OS）のようなものなのだ。私はこの文章をマッキントッシュのWordを使って記している。もちろん、ウィンドウズでWordを使っても同じことができるだろう。しかし、同じWordというソフトに見えて、動いている仕組みそのものが違う。土台となっているプログラムが、マッキントッシュのMac OSと、ウィンドウズのWindows OSではまったく異なるのである。スマートフォンでも、iPhoneのiOSと、Android端末のAndroid OSとではまったく異なる。同じアプリを作る場合でも、異なるプログラムを使って作成しなければならない。だから、同じアプリであっても、ある日、iOS版では不具合が発生したが、Android OSでは起きなかった、ということが起こるのだ。このOSが、いわば文化であり、言語である。家の空気の匂いである。同じ言語を用いているから同じOSで動いているかというと、これが全然違うことがある。これは「友人」の定義でも伝わったのではないだろうか。ＯＳそのものが異なるのであれば、世界は異なって見えている。

この「世界を切り取る方略」であるところの「基本ＯＳ」は、その人が「空気のように吸っているもの」を土台として組み上げられる。だから、「空気を吸うかのようにアニメを見ている」場合には、世界を「アニメのように」理解する土台が成立することにもつながる。「空気を吸うかのようにゲームをしている」場合にも、世界を「ゲームのように」理解する土台が成立することになる。「アニメのように」世界を理解することがいけないわけではない。それはあくまで「基本ＯＳ」だというだけの話である。一時期メディアで言われたように、若者はゲームをしているから人は死んでも生き返ると思うとか、人生にリセットをかけてやり直すことができると思っているとか、そのようなことはない。時間感覚や生死に関わる根本的な部分は、趣味的活動によって変更されることはまずない。

※５　日本語における訳語の作り方は、ヨーロッパ系の言語に対して、さらに中国語である漢字を組み合わせて当て字にすることが多い。いわば、外国語を外国語にかえて、まるで意味がわかったかのようにしてしまうということでもある。外来語をカタカナで表わしただけで使ってしまえることとも似ている。少なくとも、訓読み、やまとことばで言い換えるわけではない。そもそも日本に存在していない概念なのであるから仕方がない。このような「外国語を外国語に直す」やり方は、「わかったような気になる」という弊害もあるが、「外国語による影響を最小限に抑え、日本語そのものの根本的な部分をほとんど崩さずに保存することができる」という側面もある。

い。少なくとも、そのような事例に出会ったことはない。そうではなくて、人間描写の基本的な方略であったり、出来事をとらえる際の構造であったり、その世界を見るときの「区分の仕方」に影響がある。

ゲームの構造で世界を見る

かつてスーパーファミコンという任天堂のゲーム機があった。1990年代のことだ。私は中学生であった。今でこそポリゴンという技術によって立体的な表現が可能になったが、当時のゲームは基本的に点を組み合わせた「ドット絵」だ。背景画像を手前の画像よりも「ズラして」動かすことにより立体感を出すという「多重スクロール」技術が家庭用ゲーム機に導入された。

私はこの技術がとても好きだった。平面的にしか見えない映像に奥行きを作り出すこと。初期のスーパーファミコンのゲームは「二重スクロール」が一般的だったが、技術力の高いメーカーは「三重スクロール」「四重スクロール」を実装した。一番奥の夕日、遠方の山、それより手前の雲、さらに手前の木々、すぐ後ろにある建造物、そして主人公が立つ地面。それらのスクロールをすべて「少しずつズラす」ことで他のゲームよりも多くの奥行きを表現できた。私はあまりにもこの技術が好きだったため、車窓の風景を見て「太陽が一番奥、その手前に富士山があって、送電線のあるところ、さらには住宅街、うーん、どうかな、全部で八重スクロールぐらいで表現できるかな?」などと考え続けていた。電車で移動しながら眺める風景は、私にとって「超多重スクロール画面」なのであった。

ほかにも、当時読んでいたゲーム雑誌の中に掲載されていたコラムで、「テトリスが好きすぎて、駐車場が一箇所だけ空いているのを見ると、そこに車が停まったら全部の車が消えるような気がする」という表現を目にした。もちろん、本気でテトリスのように「車が消える」と思っているわけではないだろう。しかし、私もそう想像してしまうことがある。

中学生の頃からの私のゲーム仲間がいる。彼が、仕事の中であるチームの管理をしていた。当時話した際、彼はシミュレーションゲームのように、チームで働く人々のことを「ユニット単価」で考えていた。高性能のユニットを生産するには金額がかかる。しかし中堅のユニットならばそこまで金額がかからない。ならば同じ金額で中堅ユニットを4体生産した方がいい、高額ユニットは自分一人で十分だ、というような考え方であった。「だって、ガンダム2体だけって、チームとして破綻してるだろ。作戦が立てられない。ガンダム1体と、ガンキャノン4体の方が汎用性が高いって」。ゲームとガンダムを両方とも知る私は深く納得した。

日本語で世界を理解してはいけない、と言われたら私は困る。ただし、「そうか、私は日本語特有の切り取り方で、世界を理解しているのだな」という相対的な視点は必要である。同じように、「そうか、私はアニメ特有の世界の切り取り方で、世界を理解しているのだな」という相対的な視点が、その人には必要だ。

同時に、他者を理解しようとする際にも、相手の「基本OS」がどのようなものであるかをなるべく深く知ることが必要になってくる。また、他者や自分自身が、どのような「みえ=虚栄心」を持ちうるのかを理解する際にも「基本OS」の理解が重要になってくる。

結婚しても恋してる

「基本OS」の問題は、他者との接点が少なくなる「コロナ禍」における自粛状態、あるいは不登校・ひきこもりの場合には、特に重要になる。他者との直接的な関わりの中で、自分の「基本OS」が比較されることが少なくなり、アップデートの機会も減少する。軌道修正される機会が少なくなってしまうのだ。外国語を学ぶ機会が減れば、日本語特有の世界の切り取り方に気がつけないことと同じようなものである。

「基本OS」は、その人が「空気のように吸っているもの」によって構築されている。その理屈からすれば、仕事における文化的なものはもちろん重要である。同時に、仕事から開放されたときに深く接しているもの、つまり趣味的活動も重要である。他にも、育った家庭環境の中でのものも重要である。いずれもその人が「空気のように吸っているもの」だ。

「基本ＯＳ」によって世界を見る枠組みが決まる。それは、自分が思った以上に強力に働く。どれだけ目の前に現実的な情報が展開されていたとしても、それが見えなくなってしまうほど強力である。

たとえばある人が「結婚してもなおいつでもどこでもラブラブな状態を継続していること」を望んでいたとしよう。結婚したあともずっと恋をし続けることができる相手が見つからないんです、という学生からの「相談」はかなりある。

付き合っていて、いわゆる恋愛状態で結婚をする。そういうこと「も」あるだろう。しかし、自分自身の両親を、近所の夫婦を、知り合いの両親を思い出して欲しい。「恋愛状態が10年以上継続しているカップル」がどれだけいただろうか。芸能人のようなポジションにいる人々が、結婚してからも恋愛状態にあるかのように公表しているのを一般化してはならない。あれは「芸」能人の「芸」の一環でもあるのだから。もちろん、結婚後も恋愛状態にあるような極めてまれなケースはある。しかし、あくまでまれなのだ。

「結婚したあともずっと恋することができる相手との関係」は、恋愛マンガ、恋愛ドラマ、恋愛小説の中ではそれなりに登場する。もしそれが、結婚生活と恋愛を理解する「基本ＯＳ」になっているとしたらどうだろうか。それを基礎として、他者に対する「みえ＝虚栄心」を構築するとしたらどうなるだろうか。

「結婚したあともずっと恋することができる相手との関係」がまれであることを考慮した上で、ＳＮＳ上でそのようなフリをするとしたら、それは自分がエリートであること、特別であることを装っていることになる。しかし、「結婚したあともずっと恋することができる相手との関係」が平均的であると思っている場合、同じようなアピールをしたとしても、意味合いが異なってくる。この場合には「自分は平均的である」というアピールになる。つまり、自分が平均以下だと理解した上で、平均を装うフリということになってしまう。

本人としては、ゼロからプラスへの虚栄かもしれないし、マイナスからゼロへの虚栄かもしれない。マイナスからプラスへの虚栄かもしれない。「正確な自分の状態をわかった上で行われている」のかもしれないし、「本当にそう思っている」のかもしれない。選択的非注意のあらわれなのかもしれない。だから、行動だけで判断できない。どのような「基本ＯＳ」によって世界を見ているのかによって意味が異なってくる。

ステレオタイプ

ステレオタイプとは印刷用の「鉛版」のことである。元はフランス語で、stéréotypeと書く。ステレオタイプとも読む。一度印刷用の版が制作されると、同じ文面が量産される様子をたとえとして、「一度先入観が形成されると、同じグループの対象は同じ性質があるようにとらえられはじめる」ことを示す、社会学や心理学で用いられる用語だ。

社会心理学の中では、たとえば「営業職は話し好き」というようなステレオタイプが扱われることが多い。当然、営業職にも様々なタイプの人々がおり、話し好きの方もいれば、寡黙な方もいる。しかし、一度「営業職は話し好き」というステレオタイプができあがってしまうと、それに合致した情報には注目され、合致しない情報は無視されてしまいやすい。人種差別の問題にも深く関わっている概念であり、実験や調査によってその傾向を調べることもできる。

このステレオタイプという用語をはじめて用いたウォルター・リップマン（アメリカの政治分析家、ジャーナリスト）は、かなり規模の大きなものを想定していたようだ。世界の見え方は、そもそもステレオタイプで決定している、というほどの規模のものである。『世論』（１９２２）は、リップマンがステレオタイプを中心的に論じた書籍である。これは、特に第一次世界大戦を想定して記されたものだった。

『世論』の第1章「外界と頭の中で描く世界」は、イギリス人・フランス人・ドイツ人が暮らす、郵便物が2か月に一度しか届かない離島の例からはじまる。１９１４年の9月半ば、その離島にはまだ郵便物は届いていない。すでにイギリス・フランス両国はドイツと戦闘状態に入っていたが、島の住民たちは『フィガロ』の編集長が射殺された事件の裁判についての話題で持ちきりであった。9月半ばに郵便物を届ける船長に、判決はどうなったのかを聞きたくてうずうずしていたのである。しかし届いた郵便物を見て、実は6週間以上前から大規模な戦闘状態に入っていたこと、それはこの離島も例外ではないことが示され、驚愕する。「その間、島の人びとは現実には敵同士であったのに、まるで友人同士のように振舞っていたわけである。不思議な6週間であった」。

第一次世界大戦が開始していることに気づかずに6週間過ごすほどではないにしても、似たようなことはいくらでも経験があるはずだ。そして、この構造がステレオタイプの基底にある、という主張なのである。この場合は、実際に情報が入っていなかったわけであるが、思い込むことによって外界からの情報が自動で取捨選択される場合もある。それはたとえば、「いい大学に入れば幸せになれる」という世界の見方であっても、「FXをやっても自分だけは破滅的にならない」という思い込みであっても、何でも構わない。どのようなものでも世界を一面的に見るフィルターとなりうるのだ。

カウンセリングにおいて幼少期の親との関係を含めた生育歴を聞くのは、一体何がその人の世界を見る「基本OS」なのかを理解するため、という面もある。幼少期に親や教師など、影響力の強かった大人たちからどのような「基本OS」が伝達されているのか。それを把握するために、幼少期、どのように育ったのかインタビューすることは有用である。ただし、大人たちからの伝達だけで「基本OS」が成立するわけではない。やはり、空気のように吸っているものが重要である。

「それ」をどのように好きなのか

私はカウンセラーとして、不登校・ひきこもりの子ども、その親御さんや、担当している教員と話すことがある。親御さんや教員は不登校・ひきこもりの子どもの状態を表現する際に、「ずっとゲームをしています」「ずっとネットをしています」と言う場合がある。私は「何のゲームをされてますか」

と問いかける。返事として「何か、戦うやつです」というように、あまりゲーム自体には興味がない様子の答えが返ってくることは多い。少なくともそこで、

「そうですね。息子が持っているゲーム機はPS４ですが、最近では『サイバーパンク２０７７』をやろうとしていました。あなたもご存知かもしれませんが、そのゲームはPS４だと動かないレベルのプログラムだったようで、すぐにバグで止まります。結構問題になっていましたけどね。それに相当イライラしていたようです。ただ、自分の見た目とはずいぶん異なる、黒人女性を主人公のアバターとして設定しておりました。ほかにも、今まででしたらエルダースクロールシリーズもやっておりました。基本的に、ネットにつなぐMMOのようなものというよりも、スタンドアローンで行うオープンワールド系が好みのようです。構築された世界を自分のペースで探索したい、という気持ちが強いのかもしれません。ただ、以前やっていた『スカイリム』のときには、自分のアバターとしてエルフのような、肌がかなり白い男性にして、特に弓矢をよく使っていました。もしかしたら、何か心境の変化があったのかもしれません」

というような返答がくることはなかった。

もし読者のあなたが哲学書を読むことが好きだったとして、「そうか。読書好きなんですね」とひとくくりにされてしまうと、少し釈然としないものがあるのではないだろうか。哲学書を読むことが好きな人に、「あの人は読書が好きらしい」という大枠だけを聞きつけて、プレゼントとしてプロレ

スラーの自伝を持ってきたとしたら、どう返事をしてよいか悩んでしまうだろう。

もしあなたが映画好きだったらどうだろう。映画が好きな分、「駄作」に対してはむしろ厳しくなるのではなかろうか。単館上映系の極めてマニアックな映画だけが好みである、という場合は、「映画好き」と大枠でくくられてしまった方が困るのではなかろうか。

古くから「本棚にある本で、その人となりがわかる」と言う。同様に、どのような映画、どのようなゲーム、どのような音楽、どのような電車、どのようなアイドルを好むのかでも、いろいろなことがわかる。好んでいるタイトルを把握しただけでは足りない。それらの「どのようなところ」がグッとくるのか。その人が好きなものにどのようなものをなげかけ、その人の好む作品を通してどういう性質が間接的に表われているのかを把握したい。

「あなたに興味があるから、あなたが好きなものについて教えてもらいたい」という姿勢が必要である。本当に興味がある相手であれば、その人が好むものを知りたいと思う。恋愛のときなどは、そういう傾向が顕著にあらわれる。しかし、不登校・ひきこもりの親御さん、あるいは担当する教員は、この点がおろそかになっている場合もそれなりに多い。先の例において「ずっとゲームをしています」という表現からもある程度推測できるが、その言葉の裏には「ゲームばかりしていないで、勉強をしたり、バイトをしたり、学校に行ったりして欲しい」という否定的なニュアンスが潜んでいる。敏感な人ほど、そういった裏の気持ちを即座に察知する。つまり、親や教員が、子どもを「思い通りにコントロールしよう」としている力を感じ取る。そのベクトルと、あえて逆方向を取ろうとするために、「ずっとゲームをしている」状態になっていることさえある。

たまたま私は「元からゲーム好き」であったため、不登校・ひきこもりの子どもと、それほどゲームについて下調べすることなく接することができ、しているゲームを理解することができた。しかし、その人がアニメ好きであったならば、好んでいるアニメをいくつか見る必要があるかもしれない。そこまでの時間がとれないときには、せめてネットで調べて、概要をつかむようにした方がいい。やったことのないゲームの場合には、実況動画やまとめ動画をチェックして物語や内容をある程度把握した方がいい。これだけネット上に発信されているのだから、調べやすくなっているのだ。せめて30分、調べてみてもいいのではないか。

不登校の子どもとのやりとりから

かつて、私が接したことのある不登校の例を2つあげてみる。個人が特定できないように複数の事例を合わせ、改変し、部分的なやりとりだけを切り取っているが、本質的な部分は失われないようにしてある。

【事例①】
ある不登校の小学生男子が、『スマッシュブラザーズ』でフォックスというキャラクターを使っていた。彼は動きの素早いフォックスで、遠くから飛び道具でチマチマと戦うのだった。スマブラをしたことがある人なら想像できると思うが、これでは勝てない。ダメージを蓄積させて、近づいて、強力な技で場外に吹き飛ばさなければならないのである。フォックスの飛び道具は、ダメージは与えるが、吹き飛ばすことはできない。「なるほど、これは不登校になるかもしれないな」と私は感じていた。

私は彼とスマブラで遊ぶときに、あえてクッパを使った。飛び道具のない、重い、動きの遅いキャラクターである。逃げ回るフォックスを、とても追いつけないモタモタした様子で追いかける私のクッパ。私はこれを執拗に続けた。私が彼と会いはじめて2か月、彼もクッパを使いはじめていた。お互い、あまりゲームが上手くないので、きちんと防御ができない。飛び道具のないクッパで、互いに近づいて防御もせずに殴り合うという、まるでプロレスのような展開になり、2人できゃっきゃと笑い合った。そのとき、すでに彼は学校に行きはじめていたことを後から知った。できれば、防御もできるようになってほしかったところではあるが、私もろくに防御ができないから彼のことはとやかく言えない。

『スマッシュブラザーズ』はその人の「その時点での」性質が表われることが多いと私は思っている。それほど多様なキャラクターが揃っている。上手か下手かではなく、「どのようなキャラクターで、どのように戦いたいのか」という部分が重要である。そこに、その人が思い描く生き方が投影されるように私には感じられる。

おそらく、彼が意識的にせよ無意識的にせよ、フォックスに託していたなんらかの思いがあっただろう。それは「避けたい」「逃げたい」「遠くから、傷つかないようにしていたい」ということだろうか。それがクッパも使ってみることで、「正面からぶつかっていくのも楽しいかもしれない」という気持ちに変化したのか。そのような生き方もあり得る、そこまで恐ろしいものではないのでは、と感じたのかもしれない。

【事例②】

ある不登校の中学2年生の男子が、「ピッコロがカッコいいから好き」と私に言った。漫画『ドラゴンボール』※6の登場キャラクターである。私は「ピッコロの、どんなところがグッとくる？」と問いかけたが、彼はうまく答えることができなかった。それから一年後、中学3年生の夏休み前、彼は私にこう言った。「俺、ずいぶん前に、ピッコロがカッコいい、って言いましたよね。あれ、やっとわかったんです」。そして彼は、ゆっくりと説明してくれた。

ピッコロは、主人公孫悟空のライバル的存在である。殺し合うほどのライバルである。しかし、いがみ合っている孫悟空とピッコロの前に、より強力なラディッツという外敵が現れる。孫悟空とピッ

※6『**ドラゴンボール**』　鳥山明による漫画。１９８４年から１９９５年まで連載。世界に散らばる7個のドラゴンボールを集めると龍があらわれて願いを叶えてくれるという世界設定で、そこがメインの話であったはずが、主人公である孫悟空がサイヤ人であるという設定が後づけで生まれ、宇宙人同士の壮絶なバトル漫画になっていく。１０００年に1人のはずの超絶強力な超サイヤ人が、１０００年どころか同時に何人も生まれ、強さがインフレを起こすところも見どころ。それにもかかわらず連載終了までとても面白い奇跡的な漫画であった。

コロは協力してラディッツを倒す。ただ、そこで孫悟空が死んでしまう。ラディッツは、今後自分よりも遥かに強い者(ベジータとナッパ)が地球にやってくることを伝えて死ぬ。ピッコロは考える。ふと、孫悟空の子ども、孫悟飯が目に入る。まだ幼少ではあるが、鍛えれば相当強くなりそうだ。孫悟飯は当初、ピッコロに敵意を剝き出しである。ピッコロにしても、自分のライバルであった孫悟空の息子である。色々思うところはあっただろう。しかし、自分の身を守るためもあり、孫悟飯を育てる。そして、孫悟飯は本当に強くなる。ピッコロを超える。師匠超えである。そして、色々あって、サイヤ人や、その裏ボスであるところのフリーザとの戦いに勝つことができた。しかしそのとき、ピッコロはいわば自分の弟子に「負けている」。それにもかかわらず、ピッコロは腐ることなく、嫉妬を覚えることもなく、腕を組み、堂々としていて、「自分のやれることをやる」というただそれだけの姿で立っている。そのピッコロのあり方が「カッコいいと思ったんです」と彼は言った。

あくまで、これは彼が覚えている、彼の中での『ドラゴンボール』のストーリーである。正確でなくとも構わない。これが彼の世界の見え方だった。その「基本ＯＳ」の中で、彼はピッコロのカッコよさを理解した。そして夏休み明け、彼は学校に行っていた。

学校に行っていない間、彼は様々なことが「遅れ」たかもしれない。しかし、たとえ自分が何かで「遅れ」ていたとしても、「自分ができることをする」という姿で、腕を組み、堂々と立っていたい、と思ったのではないか。ピッコロのように存在していたい、と感じたのではないか。別に、学校に行くことだけが素晴らしいことではないし、不登校の子どもが学校に行くことがゴールなわけでもない。それでも、少なくとも彼は、自分がどのように存在することをカッコいいと思っているのか、どのようなものが「現実の自分」なのか、今まで崩されることが怖いと思っていた「みえ＝虚栄心」などのようなものだったのか、そういったものを、彼の「基本ＯＳ」を通して理解したのではないか。「現実の自分」を受け入れ、「架空の自分」を多少なりとも解体し、他者の鏡の中で自分を映そうと、より正確に自分自身を把握してみようとしたのではないか。その上で「自分のやれることをやる」という、「カッコつけ」ではない「カッコいいと思ったあり方」に向けて生きはじめたのではなかったか。

いずれにしても、「空気のように吸っているもの」、その人の「基本ＯＳ」そのものを知ろうとするのであれば、その人が何を好んでいるのか、そしてその深い部分まで理解しようとすることは重要であろう。

あなた自身を理解して欲しいと本当に感じているとき、自分自身の行っている趣味的活動についてしゃべりたくはならないだろうか。どうして好きなのか、どんなところが好きなのか。いい聞き手に出会えれば、エンドレスでしゃべってしまうこともあるのではないか。ならば、よい聞き手として、よいインタビュアーとして、不登校・ひきこもりの子どもに接してみてもよいように思う。よいインタビュアーは、事前に色々調べてからインタビューに臨むものである。不登校・ひきこもりの子どもに接するときだって同じではなかろうか。

また、「自分自身に対して」よい聞き手、よいインタビュアーになってもいいのである。自分が世界を見る際に使っているフィルターそのものを知ることができるかもしれない。

フィルターそのものを外して、世界を直接理解することはできないだろう。言語の例をあげたが、しかし言語自体がフィルターとして機能するとすれば、私たちは根本的な部分で世界をフィルター越しに見ていることになる。ただし、フィルターを外すことはできないとしても、それを相対的に見ることはできるし、場合によっては異なるフィルターに付け替えることもできるだろう。外国語を学び、外国語を通して世界を理解してみることと同じように。

コラム⑤

村田沙耶香『コンビニ人間』について
――少数派が生きていても大丈夫なシステム

ハンス・アスペルガーは、自身が発見したある種の症状がある人々について「そう、彼らは知的な機械人形（オートマタ）なのです」と記した。彼が発見した症状は、かつてはアスペルガー障害と呼ばれ、今は自閉症スペクトラム障害と呼ばれている。アスペルガー障害は、いわば「言葉が話せる自閉症」のことだったので、自閉症と連続線上にある、ということから自閉症スペクトラム障害という名称に統一された。

『コンビニ人間』は、ありていに言ってしまえば、「自閉症スペクトラム障害である36歳の女性が、コンビニでバイトをしながら暮らしていることについて、一人称で語っている内容」ということになる。とてもよくできていると思う。村田沙耶香の他の著書『地球星人』などのタイトルを見ると、ご本人が自閉症スペクトラム的なものを間近に見ているか、あるいはご自身の性質にもそのような特質が強くあるのかもしれない。しかし、それ自体はあまり問題ではない。作品として面白い。

似ている系列の、自閉症スペクトラム障害の人々が一人称で見た世界を綴っている書籍で、泉流星『僕の妻はエイリアン――「高機能自閉症」との不思議な結婚生活』、グランディン『我、自閉症に生まれて』、ドナ・ウィリアムズ『自閉症だったわたしへ』あたりが有名であろうか。しかし『コンビニ人間』は、自閉症スペクトラムの性質が小説として、しかも一人称の語りとして成立していることが重要である。単なる登場人物の内の一人ではない。一人称の語りで、世界の見え方がそのまま記されているのである。自閉症スペクトラム系の一人称視点が存在する小説でいうのであれば、フィリップ・K・ディック『ジャック・イジドアの告白』にも近い。あるいは、こちらは自閉症スペクトラムではなく精神遅滞ではあるが、ダニエル・キイス『アルジャーノンに花束を』にも近いかもしれない。このような内容を、読者に伝わるように一人称で書くことができる人はとても限られている。

そしておそらくもっと重要なのは、もし自閉症スペクトラム的なあり方の人が「多数派」になった場合、世間で一般的とされる「オスとメス」たちは排除されるであろう、ということを匂わせていることである。滑稽さは単に多数派少数派の問題であること、そして現在の日本は、少なくとも自閉症スペクトラム的なシステム（ジョージ・オーウェル的な、滅菌され管理された世界観）が実際に動きはじめている、ということである。その象徴的な場所がコンビニである、という扱いなのであった。だからこの『コンビニ人間』を読んでいると、まるでSFを読んでいるような感覚になる。少なくとも私は。

『コンビニ人間』の中から、自閉症スペクトラム障害的な部分をいくつか抜き出してみる。

私はバックルームで見せられた見本のビデオや、トレーナーの見せてくれるお手本の真似をするのが得意だった。今まで、誰も私に、「これが普通の表情で、声の出し方だよ」と教えてくれたことはなかった。（20頁）

完璧なマニュアルがあって、「店員」になることはできても、マニュアルの外ではどうすれば普通の人間になれるのか、やはりさっぱりわからないままなのだった。（26頁）

二人が感情豊かに会話をしているのを聞いていると、少し焦りが生まれる。私の身体の中に、怒りという感情はほとんどない。人が減って困ったなあと思うだけだ。（34頁）

私はミホの子供も甥っ子も、同じに見えるので、わざわざこっちの方も見にこなくてはいけないという理屈がよくわからない。でも、こっちの赤ん坊の方が、大事にしなくてはいけない赤ん坊なのだろう。私にとっては野良猫のようなもので、少しの違いはあっても「赤ん坊」という種類の同じ動物にしか見えないのだった。（60頁）

「コンビニに居続けるには『店員』になるしかないですよね。それは簡単なことです、制服を着てマニュアル通りに振る舞うこと。世界が縄文だというなら、縄文の中でもそうです。普通の人間という皮をかぶって、そのマニュアル通りに振る舞えばムラを追い出されることも、邪魔者扱いされることもない（…中略…）つまり、皆の中にある『普通の人間』という架空の生き物を演じるんです。あのコンビニエンスストアで、全員が『店員』という架空の生き物を演じているのと同じですよ」（95頁）

ハンス・アスペルガーがいうように、主人公古倉さんを、人間のフリを必死で続けている「機械人形」であると考えれば、このあたりはすんなり理解できる。私が授業や講演などで自閉症スペクトラム障害を説明する際には「ターミネーター」をたとえに用いるが、同じことだ。当たり前であるが、自閉症スペクトラム障害の人々は「人間」であり、「モノ」ではない。機械ではない。あくまで自閉症スペクトラム障害の性質は「機械人形」「ターミネーター」[※1]を想定すれば理解しやすくなる、というだけである。ここは注意しなければならない。「機械人形」や「ターミネーター」に近いということは、いわば、ヒトとモノの区別がうまくつけられない状態で日々を過ごしていることでもある。だから古倉さんは、「友人の子ども」と「妹の子ども」が、どちらも単に「赤ん坊」という一つの種類の動物にしか見えず、どちらの方を重視しなければならないのかが理解できないのである。

また、古倉さんが世界を理解するその仕方が「プログラミング的」であることも特徴であろう。確かに論理的である。Aである、とするとBである、だからCである。このような直列悉皆型処理の末に結論に導かれている。「コンビニに居続けるには『店員』になるしかない」→「制服を着てマニュアル通りに振る舞う」→「マニュアル通りに振る舞えばムラを追い出されることも、邪魔者扱いされることもない」。それはモノの世界である。相手の気持ち、情緒、そういったものは除外されている。機械人形同士のやりとりならそれで十分なのである。

そしてコンビニは、機械人形的世界観と実に相性がいい。

ここ（引用者注：コンビニ）は強制的に正常化される場所なのだ。異物はすぐに排除される。（64頁）

「あの……修復されますよ？」（…中略…）コンビニは強制的に正常化される場所だから、あなたなんて、すぐに修復されてしまいますよ。（73頁）

「あの年齢でコンビニバイトをクビになるって、終わってますよね。あのままのたれ死んでくれればいいのに！」／皆が笑い声をあげ、私も「そうですね！」と頷きながら、私が異物になったときはこうして排除されるんだな、と思った。（76頁）

機械によって支配され、データによって管理され、情緒が入り込む余地のない滅菌された世界。SFでは常にこのような世界観が用いられてきた。ビッグブラザーに管理された世界。マトリックス。[※2]ターミネーターの未来世界。すべて同じである。それらは私たちを怖れさせる。人間が、機械の部品とされてしまうから。「人間性」が消されてしまうから。

しかし、機械人形たちにとっては、それは理想的な世界ではないか？　だから古倉さんは、コンビニで働

※1『**ターミネーター**』**シリーズ**　SF映画。アーノルド・シュワルツェネッガーが主演していることで有名。日本では1985年に第一作目が公開された。多くの人が、ターミネーターと言ったら「1」と「2」を指していることが多い。何作品あるかはあえて記さない。未来の世界ではAIと機械が世界を支配していて、人間は本格的に邪魔なので徹底的に排除されようとしている。

※2『**マトリックス**』**シリーズ**　SF映画。キアヌ・リーブスが主演していることで有名。1999年に第一作目が公開された。メインのシリーズは4作品出ている。未来の世界ではAIと機械が人間を支配していて、人間は「電源として飼われている」世界を描いている。飼う手段として人間にバーチャルな電脳世界を見させており、人間はそれが「現実」であると思っている。

きはじめて、ようやく「生まれた」と感じる。

そのとき、私は、初めて、世界の部品になることができたのだった。私は、今、自分が生まれたと思った。世界の正常な部品としての私が、この日、確かに誕生したのだった。（25頁）

今のところ「機械人形」は少数派である。しかし世界は確実に、コンピューターによって管理され滅菌されたシステムへと移行しつつある。ならば、「機械人形」の方がはるかに適応できる社会システムが到来してもおかしくないではないか。現に今、コンビニは「そういう場所」である。

今、まだ「機械人形」は少数派なので、「正常な世界はとても強引だから、異物は静かに削除される。まっとうでない人間は処理されていく」、その対象になり得てしまう。まっとうではない、と判断されてしまう。しかしもし、コンビニのあり方が多数派となったときにはどうなるであろうか。「コンビニは強制的に正常化される場所だから、あなたなんて、すぐに修復されてしまいますよ」。それは、情緒豊かに生きている「まっとう」な人々のことを指しているではないか。

システムにおいて少数派の異分子は排除される。あるいは修復される。ただ、多数派か、少数派か、というだけなのである。

誰のことも笑えない。いつ自分が「排除」の対象になってもおかしくない。そういう切迫を私は感じるのであるが、どうであろうか。

自分の本質が異物であると自認するとき、システムの中で生きていくためには偽装せざるを得ない。一般人のフリ、多数派のフリをせざるを得ない。

しかし、いつ、誰であっても、少数派になりうる。その可能性を絶対的に排除することはできない。たとえば、老化すれば、確実に身体能力は衰える。事故にあえば手足を失う。聴覚や視覚などいつ失ってもおかしくない。脳挫傷を起こせばいかなることでも起こりうる。そのような単純な意味であっても、いつ自分が「少数派」になってもおかしくないのである。今日かもしれない。明日かもしれない。その可能性を思えば、「少数派であっても生きていける場所」を確保しておかなければ、自分自身が困ってしまうではないか。共生だとか、思いやりであるとか、そんなことを言うつもりは毛頭ない。そもそも、私はどうやら少数派に属する性質を多く持っているのだ。私は、私のために、少数派が生きていても大丈夫なシステムを構築しておきたいのである。

第6章

汚物の言葉

持っていかなくていいの？

ある朝、私は子どもに対して「あれ？　今日、絵の具セット、持っていかなくていいの？」と言いそうになった。一呼吸置いて、「あ、これ、忘れてる！」と言い、絵の具セットを手渡しした。子どもは「忘れてた！　ありがとう！」と言った。

どうして最初、私は「遠回しな言い方」をしようとしたのだろう。私は子どもから慕われたいし、よい関係を継続したい。忘れ物もしてほしくない。にもかかわらず、遠回しにイヤミを言うことは、今列挙したすべての目的からむしろ遠ざかる方略になってしまうではないか。

子どもだけではない。妻に対しても、学生に対しても、私はこのようなイヤミを言ってしまうことがある。どうしてなのだろうか。

私は「絵の具セットが今日必要であることを知っていたし、お前よりも状況を把握しているんだよ」ということを子どもに示したかったのであろうか。自分の方が「上」であることを示すために。私に何の得があるだろう。相手よりも自分の方が上であることを確認することでイライラを解消しようとしたのであろうか。しかし、その相手は私の子どもである。上か下かなど、何の意味があるだろう。マウントを取って何の意味があるだろう。

しかし、その無意味さを忘れる。それほど、上か下かを確認することが、目先の得としてうつっている。イヤミを言って、相手が（嫌な顔をしながら）言う通りに動いた場合、私は他者をコントロールできたことになる。「何かしたら、よいことが起こる」とでも言うように、オペラント条件付け[※1]が成立し、「癖」になって、考えずに自動でイヤミが発せられてしまう。長期的な影響を考えられなくなってしまう。もしイヤミが「上か、下か」というようなこと、マウントを取ることに端を発しているのであれば、その根には「虚栄心」が巣食っている。

イヤミは、あくまで「遠回し」に言っているので、直接的に相手について何か言及しているわけではないようにも見える。しかし、他者に何らかのダメージを与えようとしているという構造がある。その「攻撃」によって他者をコントロールしようとしている。

※１　「何かしたら、いいことが起こる→またする（正の強化）」「何かしたら、悪いことがなくなる→またする（負の強化）」「何かしたら、悪いことが起こる→もうしない（正の弱化）」「何かしたら、いいことがなくなる→もうしない（負の弱化）」という、いわば「アメとムチ」による条件付け学習のパターン。アメリカの心理学者、バラス・フレデリック・スキナーが提唱した。

遠隔毒ガス攻撃的悪口

英和辞典で「攻撃」という言葉を調べてみると、attack、offense、assault、aggression、strike、bombardment、fire、criticize、hit と、かなり多くの表現方法があることがわかる。中には銃火器と関連がある bombardment や fire も含まれている。

心理学で攻撃行動について言及する場合には aggression を用いるが、その定義は、基本的には「身体的か心理的な苦痛を与えようとする意図的な行動」のことである。しかし、日本語でこのような行動に対する表現が「攻撃」以外にあるだろうか。

見知らぬ人に話しかけることにも「ある種の攻撃性が必要」と言われる場合もある。誰かに告白する場合や、取引先を新規に開拓する場合などに「アタックする」と表現することもあるので、これは attack のことであろう。スポーツ競技で用いられる「〇〇チームの攻撃」、これは offense である。戦争における「〇〇軍の攻撃」、これは assault や strike、fire など、状況や手段によって用いられる動詞が異なるのであろう。日本語になるとすべて「攻撃」になってしまうが、英語の場合にはそれぞれ異なる動詞があてられるのだ。そもそも、「こうげき」自体が音読みであり、やまとことばではない。ある意味では漢語、つまり外来語であるともいえる。カタカナにするか、漢語で表現するか、どちらかしかない。

「オフェンシブな人」と「アグレッシブな人」とでは、英語を母語とする人々にとっては「手触り」が異なるはずだ。しかし、日本語に訳すとどちらも「攻撃的な人」「攻撃性の高い人」ということになってしまう。なんとなく、同じようなものになってしまう。

言語学者ベンジャミン・ウォーフの『言語・思考・現実』に、訳者である池上嘉彦は以下のように記している。

イヌイット（エスキモー）の言葉には、〈雪〉を表わす語がいくつもあって、いろいろな違った種類の雪を細かく区別しているとか、アラブの人たちの言葉には、大きさ、性別、老若などでいろいろと違う種類のラクダを区別する語がいくつもあるとか、こういった話は誰しもどこかで聞いたり読んだりした記憶があるであろう。同じような話がもっと身近な日本語について語られることもある。例えば、日本語には伝統的に、さまざまな様相の〈雨〉を表わす言葉（「夕立ち」、「春雨」、「五月雨」など）が多くあるとか、出世魚と言って、同じ魚でありながら成長の段階によって違った名称の与えられるもの（「イナダ」→「ワラサ」→「ブリ」など）があるといったような場合である。

（B・L・ウォーフ『言語・思考・現実』３頁）

あるカテゴリーのものや現象を細分化して命名している場合には、それらが生活に密接に関わっており、区別すること自体が大きな意味を持っている。そう考えて間違いない。そして名称が異なるということは、その言語を母語として用いる場合、現実の区分け、世界の区分け、つまり意味分節が異なっている。日本人にとって「夕立ち」と「春雨」と「五月雨」は、異なるものとして認識される。しかし、日本に住まい、日本語で考える場合には「雪」は一種類しかない。形容詞をつけて「さらさらの雪」と「べっとりした雪」の区別はできるが、雪は雪なのだ。「老いたラクダ」と「若いラクダ」の区別はできるが、ラクダはラクダなのだ。

そのように考えると、日本人にとって「攻撃行動」や「攻撃性」は、英語を母語とする場合とは異なり、細かく分けて考えることが難しいということなのだろう。だから状況を限定するしかない。たとえば「見知らぬ人に話しかける場合の攻撃性」や「相手に対する怒りが元ではないにもかかわらず、八つ当たりのように発散される攻撃性」など。

もちろん、北極圏においても日本においても、空中の H_2O が結晶化して地上に降り注ぐ現象自体は同じである。だから、雪について研究することは可能だ。ただ、「特に深く考えなくても区別できる」わけではない。「さらさら」「べとべと」以外にも様々な形容を想定し、意図的に区別しなければならない。

おそらく、攻撃行動・攻撃性も同じである。日本人にとって攻撃行動・攻撃件は、かなり「ざっくり」している。行動自体はどの国であっても同じであるだろうが、意識的に、細かく分けて認識しなければならない。

英語の場合に、攻撃行動・攻撃性を総括するカテゴリー名称として aggression を用いる場合、同列の語の中から aggression を代表格として抽出していることになる。しかし日本語での攻撃行動・攻撃性の場合は、様々な現象を外来の概念でひとくくりにした、ということになる。

カテゴリーに名称をつけることは悪いことではない。バラバラだったものがひとまとまりのものとしてとらえられるのであるから、複雑な現象を整理するという意味で、それは重要な操作である。しかし、今度は細かな部分が見えなくなってしまうということにもつながる。意味分節が「雑」になってしまう。ステレオタイプになってしまう。

本章では言語的な攻撃行動である「悪口」を取り上げるが、まず、隣接する用語の「批判」を考えることによって、「悪口」の輪郭をとらえたい。

悪口をやめてみる

こころみに、しばらく批判することをすっかりやめてみなさい。そして、いたるところで力のかぎり、すべて善きものをはげまし、かつ支持するようにし、卑俗なものや悪いものを下らぬものかつほろび去るものとして無視しなさい。そうすれば、前よりも満足な生活に入ることができよう。実にしばしば、まさにこの一点に一切がかかっているのである。

（ヒルティ『眠られぬ夜のために第一部』67頁）

このように書かれてあるものの、ヒルティ自身がその著作の中で、仏教やカトリック、ショーペンハウアーやゲーテなどを強い調子で批判している。「すっかり」やめることは相当難しいということもわかる。ただ、たとえばネットニュースやそのコメント欄などを見ていると、とにかく他者に対する強い調子の「批判」が多く、読んでいるだけで疲れてしまうことがある。私自身が誰かから批判を受けているわけではないにもかかわらず、である。自分が直接関係ないにもかかわらず、見ているだけにもかかわらず、接した者の気分が害される可能性があるならば、「こころみに、しばらく批判することをすっかりやめて」みることは思った以上に効果があるかもしれない。あくまで「こころみに」「しばらく」なのである。ためしてみる価値はある。

批判という言葉も案外難しい。英語なら基本的には criticize を用いるようではある。criticize の元は critic で、辞書によると原義は《見分け判断のできる人》とのこと。《あらさがしをする人》というような意味でも用いられる。日本語での「批判」における意味とほぼ同様である。

研究論文に対して「見分け判断する」批判ならば、研究手法に関する指摘であったり、データに対する信頼性が足りないことへの指摘であったりする。主張が一面的であることへの指摘もある。そのような指摘を経て、のちの人々がさらに手法を工夫し、結果を吟味し、「本当」のことに到達しようとするのであるから、研究における批判は重要である。ヒルティが言及しているのは研究における批判のことではないが、批判と悪口の違いについて考える際には重要な視点である。

批判をする場合、「改善につながるように伝えること」ができてはじめて建設的になりうるのだろう。もちろん、誰にでも改善案まで浮かぶわけではない。特に研究活動の場合には、批判された側こそが改善案を創出しなければならない。とはいえ、ヒルティはまず、日常的な対人関係におけるやりとりを想定している。おそらく、ヒルティが「こころみに」やめてみた方がいいとしているのは、他者より自分の方が優れていることを確認するために行うような「ダメ出し」、あるいは意地の悪い「あらさがし」のことであろう。これは悪口と同等の意味と受け取っていいのではないかと思われる。つまりヒルティは「悪口をやめてみなさい」と記しているのではないか。

口から吐く汚物

ここで「悪口」という表現自体について考えたい。白川静『字通』によると、「悪」は、《亜は玄室の象形で凶礼・凶事の意味があり、その心情を悪という》とされている。しかし「わるくち」となると、これはやまとことばであるため、漢字の「悪」から深めない方がいいのだろう。

「わるくち」は、日本語における古語ではどのように扱われていたのであろうか。『岩波古語辞典』によると、悪口は《人を悪く言うこと。悪口（あっこう）》。「わる」の部分のもとを見てみよう。「わるし」は《①よくない、正しくない　②好ましくない、不都合である、いけない　③劣っている　④見劣りする、みっともない》。ここで「みっともない」という表現が目を惹く。現代語で「わるい」という言葉を用いるときに、真っ先に浮かぶ意味ではない。しかし、よくよく思い起こすと、「わるい」という表現を用いるときに「みっともなさ」についてのニュアンスが入り込んでいる場合があることに気がつく。もう少し調べてみよう。

「わろし」の場合はどうか。「わろし」の語源は《性質がよくない、過っている、悪質である意。平安女流文学では転じて、みっともない、劣っている意を表わすことが多い》とされており、その意味は《①たちがよくない、悪質である ②まちがっている、いけない ③(行為・状態などが) ほめられぬ感じだ ④(作品や演奏などが、基準より) 劣る感じだ、不出来である ⑤(暮らし向きなどが、以前に比べ) 低下している、不如意になっている ⑥(物のかたち・人の容姿などが) 見劣りがする、みっともない、見ばえがわるい ⑦質や程度が低い、たいしたこともない》。

総合すると悪口とは、「他者を劣った者としてみなした言葉」ということになるだろうか。しかしやはり、「みっともない」「見栄えがわるい」というニュアンスが入り込んでいることに注意したい。

では英語ではどうだろう。悪口に近い英語は「trash talk」となるらしい。対義表現は「praise talk」となるようである。trash はゴミのことであるが、これはゴミのような語り、というよりは、相手をゴミであるかのように扱う語り、ということであろう。「見下すような発言」ということになるだろうか。

悪口も、trash talk も、「相手のことを」ゴミのように、劣ったものであると言及する。しかし、それを発している者の方にも、「わろし＝みっともない」や「trash ＝ゴミ」の意味が修飾されているようでもある。確かに、「悪口」は「汚い」言葉である。

スクールカウンセラーとして働くとき、小中学生の「汚い」言葉に出会うことがあった。たとえば「クズ」「ハゲ」「キモい」「ウザい」「死ね」など。これらの言葉を聞いた際に、私は「汚い」と感じていた。

ならば、落語などにも登場する「べらんめえ口調」はどうか。あれは「汚い」言葉であろうか。「だからよお、おめえさん。そこんとこはほら、うめえことやった方がいいんじゃねえかい？」と言うのは「品がない」とは思う。しかし「汚い」言葉とは印象が異なる。

たとえ丁寧な言葉だったとしても、「あなたのようなカブトムシが足をもぎとられて腐ったような人間は、私の人生に二度と現れないでいただきたい気持ちでいっぱいです」という他者を貶める言葉は、私には「汚い」言葉であると感じられる。いくら丁寧に言ったとしても、他者を貶めている。

私が思い出しているのは、アニメ『クレヨンしんちゃん』[※2]なのであった。ネネちゃんが他者を貶める言葉はかなりきついものがある。また、風間君はしんちゃんに対して、貶めるような言い方をすることが多々ある。ただし、ネネちゃんや風間君は「品は」ある。一方、しんちゃんはお尻を露出させて踊るなど行動が「下品」だし、「おバカだなあ」とは思う。しかし、他者を貶める言葉はほとんど用いない。ならば、本当に「汚い」言葉を発しているのはどちらだろう。風間君やネネちゃんなのか。

※2『クレヨンしんちゃん』　1990年から連載している臼井儀人による漫画作品。アニメは1992年から放映開始。自分の母親のことを「みさえ」と下の名前で呼び捨てにしたり、女子大学生をナンパするなど、妙な早熟さを備えた幼稚園児「野原しんのすけ（しんちゃん）」が主人公である。特に映画版でのしんちゃんは、多くの子どもが苦しいと感じるであろう劣悪な状況であってもものともせず、飄々と、ユーモアを発揮しながら乗り切る精神的弾力性（レジリエンス）の鬼。

しんちゃんなのか。

「汚い」というからには、そこには「汚」物が想定されている。汚物の中で代表的なものはウンコであろう。いわば、ウンコを相手にぶつけるような表現について、私は「汚い言葉」だと判断していることになる。誰かに対して「汚い」言葉を吐きかける行為とは、その人が、自分で排泄したものを手づかみして相手に投げつけているようなものだ。「つばを吐きかける」という慣用句を思い出そう。「吐きかけたつばはいずれ自分に戻ってくる」などとも言う。「つば」は、「ウンコ」をやわらかく言い換えた表現であると考えたらどうであろうか。ウンコを他者の前で排泄し、それを素手でつかみ、誰かに投げつけることを繰り返していれば、そもそもつかんだ時点で、その人自身がウンコにまみれていくではないか。戻ってくるも何も、「汚い」言葉を吐いた時点で、その人自身が、その人自身の汚物にまみれてしまう。

悪口の相手に見ているのは自分の姿？

誰かに伝達しなかったとしても、頭の中には他者に対する悪口が浮かぶ。これればかりはどうしようもない。しかし、誰かに対する悪口が浮かんだということは、それは何か契機があるはずなのだ。

蟹は甲羅に似せて穴を掘ると言われるが、結局、Aの性格についてのB、C、Dなどのそれぞれの見方は、

Ａについてよりも、見る方のＢ、Ｃ、Ｄについて多くを語るのである。人を金で動かす気のない者にとっては、人間に関して、金で動くとか動かないとかの性格特性は存在しない（存在しているけれども見えないというのではなく、存在しないのである）。したがって、世間の人びとはみんな金に汚ない奴ばかりだと嘆いている者がいるとすれば、それは、当人自身が人を金で動かそうとする汚ない根性の持ち主なのである。

（岸田秀『続　ものぐさ精神分析』２５８頁）

岸田秀の指摘を拡大して解釈すれば、「誰かに対する悪口」は、自分自身が劣等感を覚えているものについて言及することが多い、ということになる。ならばこれは、ある種のセンサーとして活用ができる。

悪口の内容が、自分自身が劣等感を覚えている箇所そのままのこともあるだろう。たとえば他者が「太っている」ことについて悪口を言ったＸさんという人物がいたとする。Ｘさん自身が太っているわけではなくとも、Ｘさんが自分の「体型にまつわる何か」に劣等感を覚えていることもあり得る。

たとえば私は、「ハゲている」ことについて言われることが多かった。「ハゲ」に関する蔑視的な言及をしてくる男性は、自分がハゲていくことについての怖れを抱いていた、ということもあるだろう。しかし、加齢によって身体的な魅力が衰えていくことであったり、精力的な減退が感じられたり、人間としてすり減ってきていると感じていたり、何かしら「身体にまつわる気にしているもの」があるときにも、「ハゲ」に関する悪口を言うことがあるだろう。少なくとも、私が観察していた限りでは、この傾向はかなりはっきりしたものであった。

気にしているからこそ目についてしまう。それは自分が誰かから何かを言われはしまいかとビクビクしているからかもしれない。先制攻撃をしかけていれば、他者からの攻撃はおさえることができるとでも言うように。

しかし、悪口を言っている最中、自分がその点に劣等感を覚えているという自覚はないことが大半である。自覚できない理由は、そもそも劣等感を「自分自身に対して隠すために」他者を強く攻撃しているからだ。

たとえば、コミュニケーションのとり方に劣等感を覚えている人は、他者の付き合いの悪さについてよく気がつく。そして批判をする。しかし当人の意識の上では「自分は対人関係が得意である」ということになっている。

たとえば、他者から慕われていない人ほど、他者に優しく接しない人に対して強い調子で非難をすることもある。やはり、当人の意識の上では「自分は他者に優しい」ということになっている。自分が誰からも慕われていないという痛烈な事実から目を逸らすために。

「いや、自分ではわかっている。自分は劣等感の塊である」と、はっきり表現する場合もある。しかし、それすら偽装である。「意識できている」劣等感をよく聞いてみれば、「本質とズレている」部分を劣っていると思っていることが露呈する場合も多い。自己嫌悪については第1章に記したが、再度、岸田秀の文を引用しよう。

自己嫌悪は、たとえて言えば、強盗殺人を犯した犯人が強盗だけをしおらしく白状するのに似ている。

（…中略…）自分のある面を嫌悪するのは、はるかにもっと嫌悪すべき別の面を隠すためである。
（岸田秀『ものぐさ精神分析』３２４頁）

コアになる部分を見ないようにするため、巧妙に、「同じように見えるけれどもズレたところ」に劣等感を抱いていると自覚することで、より一層強力に、自分の本質的な部分から目を逸らそうとしている。

そのような仕組みがわかっている人が見ると「誰かの悪口を言う人」は、滑稽で、哀れなものに見える。なにせ、他者を攻撃している「はず」なのに、実際にはその人自身が隠したくて仕方がないはずのものが、周囲に対して大公開されているのであるから。そして、自分自身が誰かに対して悪口を思い浮かべているとき、それは自分が自分に隠したい、何らかの劣等感と関係している部分が示唆されている可能性が高い。

隠れてする「変なこと」

他者に対する批判や悪口は、劣等感を覚えている箇所だけに限定されない。隠れてする「変なこと」について、他者もしていることが目につくということもある。

カウンセリングをしていると、そのような「変なこと」についての話がメインになることも多い。夫に隠れて酒を多量に飲んでいる、極めていびつな性生活をしている、奇怪な自慰行為をしている、自傷行為をしている、妙なものを視聴している、家族の携帯電話を盗み見ている、家族の者に暴力をふるっている、過剰に食べて即座に吐き出している、複数の異性と奇怪なメールのやりとりをしている、不特定多数の異性と性的関係を持っている、ネット弁慶になっている等々。

通常の社会生活の中ではそういった行為は隠されており、表に出ることはない。隠れて行っているのであるから。しかしカウンセリングの中ではそういったものがある程度語られなければ話が進まない。私としてはほじり出したいわけでもないのであるが、日常生活で「困った」ことが起きている際、隠された行為を語らずに済ますわけにいかなくなるらしい。

それは、隠された行為が、その人の「本質」に直結しているからなのだろう。表に見せている姿は本人の一部であることは確かであるものの、やはり作られたものであり「ニセの自分」なのである。隠された行為が一切ないというのもどうかとは思う。しかし、隠された行為こそが「本質」に直結しているということは常に意識しておいた方がいい。

私は、誰彼構わずそういった隠された行為を聞き出したいわけではない。しかし、カウンセリングの面接以外で話している相手がそういう「隠されたもの」を露出しはじめてしまうときがある。「健康な人」とみなされている人々も、隠れたところで「変なこと」をしていることが、（見たいわけではないが）見えてしまう。

どんな人でも「変なこと」をしているのだからしてもいい、ということではない。「変なこと」にもグレードがある。法律に反する「変なこと」を行っている場合には、知ってしまった場合、警察に通報する必要もあるだろう。ただ、私がここで言及したいのは、表面上見せている「ニセの自分」とあまりにもかけ離れた「変なこと」が隠されている場合には、どこかで強烈に分裂が生じるということだ。そして、「変なこと」がいびつであるほど、強力になる。「変なこと」が表側を乗っ取る。光が強くなれば影も濃くなるのだ。濃くなった影は力を持ち、光側を乗っ取ることがあり得る。

カウンセリングに訪れる場合、社会的に見せている「ニセの自分」をまともなものにするだけで済ませてしまいたい、という人も多い。もちろん、そういうやり方もある。うっかり入社した会社が求めている性質と、自らの素質があまりにもかけ離れているために不適応を起こしているような場合、その人の技術的な特性を理解するという面接になることも多い。それも重要なカウンセリングである。ただ、生き方そのものを見直すという場合、「ニセの自分」だけを相手にしていたのでは先に進めない。

何をもって「変」とするかは難しい。たとえばプラトンの著作にも登場する「年少の美少年を男性が性の対象として見る」行為がある。古代ギリシャにおいてはある程度「一般的」だったのだろう。文化背景によって「変」であるかどうかというものが決定する。ならば、現在生きている時代の、現在所属している文化背景に照らしあわせ、そこからのズレをある程度考慮することが必要である。しかし私が言う「変な行為」は、（自分自身を含めた）ヒトのことをモノ「として」扱う行為のことなのだ。ヒトをモノとして扱える者はヒトではない。「モノ」である。それは、ある意味では、ヒトであることをやめたと言える。

他者の目から隠れた場所でヒトであることをやめる。それが癖となれば、他者の目がある場面においてもヒトではなくなる可能性は高くなるだろう。

ならば、他者の目が届かない場面でこそ、「ヒトをヒトとして」扱うことが試される。違法行為かどうかは一旦おくとしても、少なくとも「ヒトをヒトとして」扱うことを常に忘れずにいることは重要だろう。そしてそれは、単なる心構えの問題ではなく、「具体的な行為」なのである。

自分の肉体を蔑視していれば過剰な痛めつけを行うこともできよう。しかしその行為を他者に対して行えば虐待以外のなにものでもない。ヒトをモノ「として」扱う行為にほかならない。過剰で歪みすぎた自慰行為にふけることも、自分の肉体というものをただの「快楽生成物体」として扱っているということになる。モノ「として」扱っている。

ヒトをモノ「として」扱っているような作品を漁ることもまた、「変なこと」の一環である。漫画・映画・小説・ゲーム、何でも同じであるが、そういうものを「主食」にすると思考システムはハックされる。世界を見る基本ＯＳが形成されてしまう。いくら距離をとっているつもりでもハッキングの手から逃れることはできない。知らないうちに侵食され、知らないうちにバックグラウンドで稼働しはじめる。

「ジャンクなものにたまには手を出す」という人は、ジャンクなものに対する評価が「甘い」ことが多い。せいぜいポテトチップかカップラーメン程度のものを想像する。それは違う。排出されたばかりの生暖かい人糞を考えた方がいい。それが本物のジャンクである。

私は過剰な節制が必要だと言っているのではない。ヒトをモノ「として」扱うことをやめた方がいい、と言っているのだ。

他者の目に見えない場所でこそ、本当の修練が必要になる。これができる人はとても少ない。少なくとも私には困難である。だから、せめて、時間的な制限をかける。「隠れて行う変なこと」を実行する時間がなるべく少なくなるような状況設定を行う。

誰に対しても勧められるものでもないが、それでも「他人の目が届かない場面でこそ意識する」ことが重要であるということは、かなり普遍的な問題だろうと思われる。そのために、どのようなシステムが自分に合っているのか、ということは熟考に値する。

おそらく、それが「ちゃんと生きる」ということなのではないかと思う。実際にはとても細かい、本当に瑣末なことの積み重ねでしかない。「ヒトをヒトとして」扱うことは、大きなイベントを介する必要などない。ヒトをヒトとして扱う具体的な行為として、たとえば「ありがとう」と「ごめんなさい」を言えるだけでも随分違う。

赤ちゃんがウンチを触った手

それでは、劣等感と対比される優越感とは何であろうか。優越感は劣等感の裏返しであるとも言う。優越感は「劣等感を覚える契機そのものを遠ざける」ために発生する場合がある。つまり、安全保障のために起動するという意味だ。

ここで、サリヴァンの概念である「自己組織」「不安」について記す。

サリヴァンのいう自己組織（self-system）とは、《皆さんが自分のことを「私は」Ｉという（一人称の）立場でお話しになる時に採り上げておられるもの》ということになる。またサリヴァンは、自己組織と似た言葉として自己態勢（self-dynamism）という言葉も用いている。しかし自己態勢は「ダイナミズム」のことなのであり、これは「動き」そのものを指していると考えた方がいいだろう。自己組織自体も不変なものではない。しかし自らが「わたし」と呼んでいる「擬人存在」は、ある時間においてスナップショットを撮れば一つの形を持っている。その、一時的な形のことを自己組織と称しているのだろう。その「わたし」の一定の形が、触手を伸ばして「動いている様子」が自己態勢なのではないか、と思われる。いわば静止画と動画の違いのようなものだろうか。

サリヴァンの自己組織という概念は、ある部分では精神科医・安永浩の「自我図式」という概念と通ずるところがある。自我図式とは「私が〝わたし〟だと思っている図式」のことであるが、それはあくまで、自分が自分で「そうだ」と思っている「わたし像」のことで、いわばある種の思い込みである。もちろん、他者からどのように見えているのか、どのように把握されているのか、ということについて、信頼に足るデータを集め、なるべく他者から見た「わたし像」と、自分が自分で思っている「わたし像」のズレを極力縮めていくことはできるだろう。ただし、それが１００％一致することは考えられない。あくまで、近似値をとることができるだけである。

参照する他者からのデータがどれだけ信頼に足るか、それを決定するのは困難である。データ数を相当量集めれば平均値も定められるだろうが、実生活の中では、データはその人を直接知っている人から得るしかない。多くの場合、人間関係は偏りを見せる上に、その人がどのように把握されているのかを忌憚なく伝えてくれるような関係性を相手と樹立していなければならない。しかし大抵は、本当のことは「違う言い方で」伝えられる。お世辞もそうであろうし、傷つけないように「やさしさ」によって、無理やりポジティブな内容に変更されて伝えられることもあるだろう。逆に、ありもしないことを悪口として言われることもあるだろうし、勘違いされていることもあるだろう。耳触りのいい言葉のみに耳を傾けてしまえば、当然他者から得られるデータは驚くほど偏ることになる。かといって自虐的に否定的評価ばかりに耳を傾けてしまえば、それも偏りを生んでしまうだろう。

バランスの問題ではなく、正確さの問題なのである。肯定的評価であれ否定的評価であれ、その価値判断を保留にした、指摘されている箇所の「性質」を考えなければならない。完全なる勘違いの場合には致し方がないが、多くの場合は「火のないところに煙は立たない」ものである。その「火」を肯定的にとらえるのか否定的にとらえるのか、それは観察者の価値判断による。もちろん、一般的にいえば、人間は総じて価値基準を持っている。国単位・地域レベル・家庭内、それぞれの「文化的」なものかもしれないが、価値を決定するのは、文化的な慣習が大きく関わる。自分とは異なる文化背景からは、その人の持つ性質がどのように見えるのか、という点は把握した方がいい。対人関係とは、極端にいえば、異文化との交流ともいえる。

「わたし像」を正確に把握するためには、この価値判断を抜いた後に残る「性質」を見る必要がある。

しかし、サリヴァンのいう自己組織は、そもそも「価値判断を元に」作り上げられている。価値判断を免れることはできない。サリヴァンは、幼児期の母親による関与の中で、その自己組織ができあがっていく様を解説している。※3

乳児の場合、母親的な存在が必要である。なにせ、乳を飲ませてもらえなければ生きていくことすらできないのであるから。しかし3歳までの幼児が「文化的なもの」、つまり「人間性」を学習していく際にも、母親、あるいは母親的な存在が大きな影響力を持つ。この時点でもやはり、幼児は一人で生きていくことができない。3歳児にとっての世界とは、母親そのものであると言ってもいい。

そのような状況の中で、母親が「して欲しくない」と思ったことを、幼児が行ったとしよう。サリヴァンの出す例は、たとえば「ウンチを触った手を口に入れようとする」である。それは異なる行動に強制的に置き換えられることになる。たとえば、指の代わりにおもちゃを口に持っていくなど。

この「ウンチを触った手を口に入れようとする」とき、母親の表情か声か、何かはわからないが、緊急事態が発生した様相を呈するだろう。叫ぶかもしれないし、ものすごく嫌な顔をするかもしれない。当然、幼児にはその変化の理由そのもの、つまり「雑菌が入る」であるとかそういうことはわかっていない。しかし、何度も繰り返されると、「どうもウンチを触ったあとに、私の『世界』は震撼するようだ」という、言葉にならないぼんやりとした感覚が得られる。

これが、サリヴァンのいう「不安」という概念である。通常用いられる不安という言葉とは随分手触りが異なる。

不安とは、自分の現在行っている活動が、自分をその見解が大きく左右するような人物によって否定的に評価されるのではないかということの先取りである。（…中略…）われわれと話しているうちに相手が不安になったことがはっきりと見て取れれば、「きみのこころの中に今あるものをそっくりそのまま話したら僕はどういう気持ちになると思う？」と尋ねてみるとよい。相手はまず「あなたは私にショックを覚えるでしょう」「私をかわいがって下さらなくなるでしょう」といった類いの答えをするだろう。不安の典型的な合理化である。「合理化」ということばを使ったのは、もっともらしい説明でありながら、ひどく脈絡の通らないところが随所にあるからである。

（Ｈ・Ｓ・サリヴァン『精神医学は対人関係論である』１３２頁）

幼児における不安をシミュレーションによって定式化し、それが成人の中にも残存しているはずだ、という仮説なのである。だからここに幼児のことが書かれていたとしても、それは「成人における、ある種の精神フェーズ」のたとえだとして読まなければならない。

※3　サリヴァンの発達理論は、幼児をつぶさに観察した上での理論ではない。ある種のシミュレーションである。サリヴァンが想定しているのは成人なのだ。成人になっても、幼児期に世界を把握していた構造は残っている、それはある一定以上の負荷がかかると露呈する、そういう理論なのである。サリヴァンの見立てる幼児の状態が「事実」かどうかは判断が難しい。ただ私としては、それが事実かどうかよりも、児童期以降の人々の内的世界を理解する際に一種の「たとえ」として機能する部分の方が重要なのではないかと思っている。

不安は恐怖とは異なる。昆虫恐怖症や先端恐怖症を例として考えればいい。恐怖の場合、対象がはっきりしているのだ。しかし不安の場合、対象ははっきりしない。その雛形として、サリヴァンは母親＝世界が震撼していることを想定する。幼児にはその原因を特定できない。それは、ほとんど魔術的な世界である。たとえば、ある特定の岩に触れたら親族の誰かが死んだ、だからその岩に近づくだけで畏怖してしまう、そういうものに近い。

だから成人においても「不安とは、自分の現在行っている活動が、自分をその見解が大きく左右するような人物によって否定的に評価されるのではないかということの先取り」という定義がなされることになる。

この不安によって、学習されるものが決まる。不安を惹起するものには近づかないようになるからだ。しかも本人には、対象が特定できず、何故近づけないのかの理由も判別しない。ただただ、不安になってしまうのである。だから避ける。ほとんど自動的に。

このような不安は、すべて幼児期までに成立するわけではない。ベースになるものは幼児期にできあがる可能性はあるが、児童期にも、青年期にも、成人してからも不安は成立するだろう。いずれにしても、不安を感じるセクションには近づかないようになる。選択的に回避される。

最初は物理的に近づかない、というような方略が用いられるだろうが、これはいずれ、思念の中で自動的に避けられる、という形をとることもある。たとえ、目の前で不安を引き起こすタイプの出来事が起こったとしても、その出来事が起こったこと自体は記憶できたとしても、その意味まで理解することはない。避けるからである。これが第2章にも記した「選択的非注意」という概念である。

だから、選択的非注意は「私が私であるために」必要な方略ともいえる。ただしその場合、「自己組織」は幼いまま、成熟することなく据え置かれることになる。守られた「わたし」は、その状態をキープしてしまう。成長しない。つまり成熟するとは、この選択的非注意を突破し、不安を惹起するセクションへ赴き、自己組織を拡大していくことでもある。見えなかったものが見えるようになることと、複雑さを獲得していくことが、成熟には必要になる。

選択的非注意は、外部から観察していると驚くほどよく見える。たとえば友人に「それ、やっちゃだめって、この前先生にも言われたじゃない？」と指摘され、「あー、そういえば言われた！」と、言われたこと自体は思い出す。しかし「それでねー」と、ある意味ではあっけらかんと次の話題に移る人の様子を見かけたことはないだろうか。外から観察しているとまるで意識的に無視しているように見える。しかし、そうではない。もちろん、記憶がなくなっているのでもない。起こったことはわかっているし、思い出すこともできるのである。しかし、注意の焦点がそこに合うことはない。

さらに、この「わたし」というものは、サリヴァンによれば、元々生まれ持ったものではなく、モノとの関係の中でできあがるものでもないという。あくまで対人関係の中で形成されるものだ、とサリヴァンは断言する。

私は『自己組織』とは純粋に体験から発するものであると言い、また、『自己組織』は、欲求の力動態勢とは異なって、人間の下に棲むヒトという動物が物理化学的に環境と交流するあり方の持つ特性に基いていないと述べた。『自己組織』はすべて、人間の必須環境の一部である対人世界に由来する。『自己組織』

が組織されたのは、不安というまったくおいしくない、非常に不愉快な体験があるためである。『自己組織』は予見された不安を回避あるいは最小化するような具合に組織されている。（同前　２１５頁）

つまり「わたし」というシステムこそが、そもそも不安を避けるために形成されるというのである。そのシステムを、できる限り現実に即して、なるべく欲求を満足できるように構成し直す必要が出てくる場合がある。それが精神疾患に対する一つの治療法なのだった。

欲求満足と安全保障欲求はまったく違うとサリヴァンは言う。喉が渇いたから水を飲む、あたたかい人間関係を結ぶ、これは「満足」である。しかし安全保障欲求とは、限りなくマイナスな状態がなくなった、という、相当後ろ向きな状態である。安全保障欲求とはいわば、戦乱の世が終わることでホッとするような、そういう状態を求めることなのである。満足とは程遠い。「とんでもないマイナスがなくなった」というだけなのであるから。

そして、不安というものがこの安全保障欲求と密接に絡んでいる。なにせ、元々は「母親という世界そのものが震撼する」感覚のことだったのだから。

見捨てられなくてよかった

悪口や強い調子の批判、あるいはイヤミは、むしろ「不安が起動した」場合に発動する。サリヴァンの理論を元にすれば、そういうことになるのであろう。ある人の姿を見ているとウズウズしてくる。悪口を言いたくて、強い調子で批判をしたくて仕方がなくなる。それは、鏡にうつった、自らの最も醜い姿に見えるから。

一方、優越感は、自分が相手よりも遥かに高いところにいる、と思い込むことによって、鏡に自分の姿がうつらないようにする対処法である。

優越感があまりにも高い状態というのは、周囲から見ると「他者をバカにしている」ように見える。一般的にはごう慢な態度と呼ばれるものが身についている。それはある意味で、鏡を寄せ付けない姿勢の顕現である。

他者は鏡だ。サリヴァンが記すように、他者との関わりの中でしか「わたし」というものは形成不可能なのだろう。無人島でたった一人でいるときに「わたし」というものは発生しようがない。たとえ年齢が随分離れている相手であっても、それは他者であり、鏡である。それを「バカにする」ことで遠ざけている場合、「わたし」は鏡にうつることはない。仮想現実の中で、実体を伴わず、架空の「わたし」が生成される。優越感にひたっている人のことを通常はナルシシストという。ナルシシストは、物理的な鏡をのぞき込んで自分の姿をしげしげと眺めることはあっても、対人関係という鏡には目をつむっているのである。

優越感は崩れやすい。ごう慢な者は崩れるときは一気に崩れる。基本的には怒りが契機となる。怒りとは、攻撃行動の準備状態である。何に対する攻撃行動であるか。それは不安を惹起する対象に対して、である。

> 不安よりも怒りのほうが楽しい体験だからだ。ずばりと言うが、立腹を覚えるほうが不安を感じるよりもずっと気持ちがいい。どちらも、嬉しくって仕方がないってほどでないのは認めるが、どこをとって見ても立腹のほうがましだ。（…中略…）怒りの表現パターンにはいろんなものごとを厄介払いする力がある。またその結果として、不安をうまく回避できるし、それだけでなく、そもそもはじめには不安があったのだという証拠さえも薄れて見えなくなってゆく。
>
> （サリヴァン『精神医学的面接』１４９頁）

強い怒り、強い攻撃行動が出現しているということは、すでに強い不安が惹起されていると考えてほぼ間違いない。その不安とは「お母さんはボクを見捨ててどこかにいなくなってしまうのではないか」というようなものにとても近い。不安を解消することを「満足」とはいわない。不安の解消は、あくまで「見捨てられなくてよかった」という、いわば「マイナスではなくなった」だけなのである。

一方満足とは何か。これは、対人関係において水入らずの関係ができあがったときにあらわれる「うれしい」というあたたかな情緒のことである。本物の満足は対人関係からしか生まれない。

優越感をかき集めている人も、ごう慢さを身につけてしまった人も、本当はこの「満足」を欲しがっている。しかし、やり方がわからなかった。そして、「見捨てられないように」という思いで、必死に鎧を身につける。鎧を褒めてもらおうとする。そして鎧の中身、生身の自分がうつる鏡を見ないように遠ざける。より一層、「うれしい」からは遠ざかる。その結果として手に入るものは、最大値であったとしても、せいぜい「かなしくない」でしかない。

それ以上、まだ、地位が欲しいか。権威が欲しいか。賞賛が欲しいか。どれだけ集めれば「かなしくなくなる」のだろうか。いくら防ごうとしても「かなしさ」はやってくる。不意に訪れる。防ぐ手立てはない。完全に排除しようとすれば、他者との関わりをすべて架空のものにするか、あるいは完全に遠ざけるしかない。そしてそれこそが、「うれしい」から遠ざかっている。

「かなしい」を避ければ、「うれしい」からも遠ざかる。それらは同じアンテナで受信するものであろう。そして「うれしさ」は、対人関係の中からしか得られないものである。

自己満足でも構わない

ある会社で働いていた多くの技術者が一時解雇された。それで、当然のことながら、彼らは雇用主に対して怒っていた。そこで、そのうちの何人かは、彼らの前のボスに対する敵意を言葉に表す機会を与えられた。その後で、すべての技術者は、彼らのボスについて記述するように求められた。前もって自分の感情を愚痴ることのできた技術者は、そうしなかった技術者よりも、後の記述ではるかに意地悪だったのである。（…中略…）どうして攻撃を外に表すと敵意が増すのだろうか。一つには、相手に対していったん否定的な感情を表明すると――前のボスをいったん薄情なやつと呼ぶと――それに沿った言動で振る舞うのがはるかに簡単になるからである。とくに、われわれが人前で報復したときにはそうである。

（E・アロンソン『ザ・ソーシャル・アニマル［第11版］』252－253頁）

どのような条件であっても、アロンソンが記しているような状態にはならないのかもしれない。しかし、一旦表明してしまったものを引っ込めることが難しいというのは、少なくとも多くの人が体験したことではないだろうか。悪口も同様である。

だから、誰かに「愚痴を聞いてもらう」際にも、なるべく悪口にならないようにした方がいいということなのだろう。誰かに敵意を向けて攻撃するような言葉を並べるのではなく、「～ということがあって、困ったんだよね」という、自分の状況として語ることは必要だ。しかし「前のボスをいったん薄情なやつと呼ぶ」と、攻撃行動がやまなくなってしまう可能性がある。汚物が、自らの口から垂れ流されやすくなってしまう。

私も悪口を言う。しかし、ヒルティの言葉を読んでから、誰かの悪口を言うことを「こころみに」やめてみることにした。他者のことを悪く「思う」ことをやめることはできなかったが、「言わない」

ようにしてみた。面と向かっては言わない。また、相手が目の前にはいない「陰口」であっても、せめて改善案が浮かぶ場合のみに限定してみた。

これは思っていた以上に効果があるようだった。まず「私は人の悪口を言っていない」という自分自身に満足できることが大きい。いわば自己満足である。とはいえ、自己満足も馬鹿にはならない。ごう慢になってもいけないが、まずは自分自身で満足できなければ、他者に対して穏やかに接することもままならないということはある。

そして、「誰かに悪口を言われているかもしれない」という気持ちが薄らいでいく。不思議なもので、誰かの悪口を言っていると「他の人も、私と同じように悪口を言っている」という前提が生まれる。自分自身が代表的なサンプルとなってしまうのだ。もちろん、私が他者の悪口を言わなくなったからといって、私のことを悪く言う人が「いなくなる」わけではない。しかし、私が誰かの悪口を言うときには、私のことを悪く言っている人が「実際以上に」多くいる、と見積もっていた。それが、「改善案をセットにして批判をする」というサンプルに自分自身が置き換わりはじめる。その結果、ある程度適切な見積もりになるように感じられた。

改善案とセットの批判ですら完全にやめるというのはおそらく不可能だろう。しかし、悪口をやめてみる、ということは技術的にできる。あくまで、「こころみに」でいい。「しばらく」でいい。しかも、誰かのことを「ダメだ」と思ってもいい。それを誰かに言わなければいい。少なくとも、陰で誰かを傷つける行為を続けることをやめてみることで、誰かを喜ばせること、誰かにあたたかい気持ちになってもらうことにエネルギーを割けるようになるのではないか。

コラム⑥

「バカバカしくてウンコ出ちゃうよ」

フードコートにて。

60代の夫婦と20代の女性。老夫婦が両親で、女性が娘であるようだった。

向かい側の席で、赤ん坊が泣いている。娘が非常にトゲトゲしい、通る声で吐き捨てる。

娘「うるっさいなあー」

母「赤ん坊は泣くものだから……」

娘「それはわかるけど、こういう場所ではね……まったく」

そして、娘は一方的に話しはじめる。どうも家族内で、お金の問題、情報漏洩の問題があったらしい。娘には姉がいるようで、その姉が、妹には黙ったまま、父母から何らかの情報を引き出し、それが外に流れたようであった。

父母は終始おどおどとしている。半笑いというわけではないが、受動的であることに慣れきっているように見える。娘が父母を一方的に攻め続ける構図であった。

娘「だから、そういうときにちゃんと、いけない、っていえばいいでしょ」
母「（頷いている）」
父「（無言）」
父母には何らかの負い目があるようだった。その負い目は、ここ数年というレベルではなく、綿々と続く何らかの負い目であるようにも感じられる。そのためかどうかはわからないが、娘に言われるがまま、攻撃され続けていた。
娘はトイレに立った。席に残された老夫婦は一言も口を聞かない。かといって、何かを沈思黙考しているという様子でもない。ただ、ぼーっとしているように感じられる。
トイレから帰ってきた娘は言う。

娘「はー……。バカバカしくてウンコ出ちゃうよ。ほんと、オナラ出ちゃうよ」

私は驚いた。確かにトイレに行った直後だということはわかる。しかし、「バカバカしい」ときの表現としては奇矯であること、フードコートで泣く赤ん坊に対して吐き捨てた「こういう場所ではね」という自らの言葉が、自分の言動には全く反映されていないという恐ろしいまでの選択的非注意に、私は本当に驚いた。
そのような奇矯な発言を聞いても、老夫婦は「ニヤけているわけではないけれど黙ってぼーっとしている」ような反応をしていた。

異様な光景であった。

娘「これで、帰るって言ったら、そりゃ怒るよ。来たいって言って勝手に来て、帰りたいタイミングで勝手に帰るわけでしょ。私が『寂しいから泊まって行って』って言ったらどうするつもりだったんだろうね？」

母「あ、泊まれるように薬も持ってきた。いつも飲んでるやつ」

娘「お父さんはどうするわけ？」

母「ホテルにでも泊まって……」

娘「このへんにはそんなホテルなんてないわよ」

母「……」

娘「結局、今回は、お母さんが騒いだんでしょ？」

この「どうするつもりだったんだろうね？」という、目の前にいない人について言及するときの話法を用いていることが印象的であった。

何があったのか、それは知らない。かつてこの家で、何が行われていたのかもわからない。虐待があったのかもしれないし、何かを見殺しにしたのかもしれない。あるいは単なる過保護だったのかもしれない。しかし、何があったにせよ、これではまるで、「モノとモノ」のやりとりである。

家族とは最小の文化圏である。その文化の中にいると気づかない。たとえば友人の家に遊びに行って、その家の中に、物理的な「匂い」があることに気がつくであろう。しかしその友人は、その家に住み、毎日暮らしているために、その「匂い」には気づかない。友人は、自分の家は「無臭だ」と思っている。これは本当に物理的な「匂い」についてであるが、文化というものも「匂い」なのである。その中にいると気づかない。たとえ、それが「ウンコ出ちゃう」ような「匂い」であっても。

第7章

ペルソナと過剰適応

笑顔の仮面がはがれない

ある大道芸会場。仮面をつけて、パントマイムをする男がいた。いわゆる「笑顔の仮面」と呼ばれるような、白く、目口の部分にだけ切り込みが入っているタイプの仮面であった。シルクハットをかぶり、ステッキを持ち、滑稽なパントマイムを繰り返していた。しばらくパントマイムをした後、彼はシルクハットを脱ぎ、逆向きに地面に置いた。投げ銭を入れてくれ、という合図。そして彼は、お金を集めて「これにて演目終了」という雰囲気を醸し出す。そこで仮面を取ろうとすると、取れない。はがれない。焦っているというパントマイムをしている。観客はすでに演目は終了していると思っているから、驚き、ゾッとする。

もちろん、そこまで含めて、彼の作り上げた演目である。しかし、「仮面をつけて演技を続けているうちに、その仮面がはりついて、はがれなくなる」。この物語は、とても示唆に富んでいる。

結婚詐欺師はフラれたときに悲しいのか

結婚詐欺師は、相手に結婚できるかのように話を持っていき、お金を巻き上げて逃げる。上手な結婚詐欺師の場合、被害者側が詐欺だと気がついた後であっても「でも、幸せな時間をくれたから、感謝している」と言う場合さえあるらしい。凄まじい技術である。しかし、目的ははっきりしている。お金を巻き上げること。「結婚」が目的ではないし、「恋愛」が目的でもない。

そこまで技術が巧みになる前は「それほど上手ではない」時期があっただろう。標的から「フラれてしまう」場合もあっただろう。想像するしかないが、そのとき詐欺師側は「傷つく」のだろうか。私が言いたいのは「通常の恋愛関係においてフラれるときと同じように傷つくのか」ということである。おそらく、「しくじった」という感想はあるだろうし、詐欺師としての技術が未熟であることについては傷つくかもしれない。しかし、通常の恋愛関係における傷つきとは随分様相を異にするのではないか。

極端な例ではあるものの、「本体の部分」は傷つかず、「周囲にまとった鎧」のみ傷がつく、という状況について想像してほしい。このような二重構造は、有効でもあり得るし、生きる苦しさにつながることもある。

結婚をする前の恋愛関係、ということは実は嘘であり、本当はお金を巻き上げることが目的である。

ということは、今、目の前で起きている出来事自体と距離を取ることができる。そこにあるのは本当の人間関係ではない。しかし、本当の人間関係とは一体何だろう。自分が悲しい思いをしそうな場合のみ、距離を取ればいいかもしれない。嬉しい思いをしそうな場合のみ、嘘の仮面を介さない、ゼロ距離の人間関係に切り替わればいいかもしれない。だが、それほど都合よく切り替えられるものだろうか。

「いい子」

私は「いい子」という言葉が好きではない。これは、基本的には大人から子どもに向けた言葉である。そして「良い」と「悪い」が前提としてあり、その基準がある。その大人から見て、「いい」子なのである。ただ、大人からの要求に毎回カメレオンのように変身できてしまう場合はどうだろう。立場が上の者からの要求に「素直に」答えることは確かに、大人から見て「いい」子である。大人にとって、とても都合がいい。

子どもがそれを意識的に行っている内はまだいい。実は腹黒く、相手の裏をかいてダマすつもりの詐欺師的思考パターンならば、ある程度自在に操ることができる。しかし、仮面は使えば肌に密着する。内的なものが先か、外的なものが先か。内的なものが行動に現れることもある。しかし外的な行動が内的なものを侵食する場合もある。戦争で人を殺し続けた場合、そのような自身の行動は、内面を深く侵食する。たとえ、立場が上の者からの要求に、当初は自身を守るために演技をし、「一時的に従属する」ように振る舞っていたとしても、仮面であると自認していたとしても、それをあまりに長く続けていれば「実際に行動しているような内面の人になる」こともある。

定期的にその仮面をはがせればいいのかもしれない。つける仮面のレベルにもよるかもしれない。「殺人を犯し続ける」というとんでもないレベルの仮面ならば、一度身につけただけで内面に甚大な被害がもたらされるだろう。ただ、その重大さは、個人によって異なる。

「こいつをダマしてやろう」という意思をもっていたとしても、中心部分が柔軟でなければ仮面はすぐに癒着する。中心部分が柔軟であったとしても、癒着するのである。スパイ活動を行っているうちに本来の目的を忘れてしまうことなどは、案外あったのではないか。何かの役回りを意識的にやっていたはずなのに、その中に居ると、でっち上げた仮面が癒着する場合がある。それが、その人の顔になってしまうことがある。

「いい子」の場合も同じようなことが起こる。大人の、立場が上の者の、要求に応えるだけの機械になってしまうことがある。はじめは自分の身を守るためだったかもしれない。しかし要求に応える「いい子」の仮面がはりつき、はがれなくなる。仮面が本体を乗っ取り、仮面が勝手にしゃべりはじめる。

「いい子」の仮面がしゃべりはじめる

ユングは、《ペルソナとは、「ひとりのひとが、何ものとして現われるか」ということに関して、個人と社会との間に結ばれた一種の妥協である》と記す。

われわれはついそれ（ペルソナ）を、全体として何か「個性的な」ものであるかのように錯覚してしまう。しかし、それは、その名のとおり、集合的心の仮面にすぎない。この仮面は、個性的な装いをこらしているが、単に演じられた役にすぎず、その役を通して語っているのは実は集合的心にほかならないのに、まるで個性的であるように、他人や自分自身に思い込ませているのだ。

（C・G・ユング『自我と無意識』67頁）

ここで言う「集合的心」とは、ユング心理学でいう「集合的無意識」のことではない。集合的と訳されているcollectiveは、「普遍的」と読み替えた方が意味が理解しやすい。「普遍的に、誰にでも当てはまるような」というふうにとらえていいだろう。ペルソナはそういう普遍的なものの現れであるから「個性」とはいえない、という内容である。ユングの用いる「個性」は、日常的に用いられる個性とは意味合いが異なっている部分もあるが、今は一般的に用いられる「個別性」としての意味であると考えていい。社長という役割、教師という役割、親という役割、そして「いい子」という役割。どのような役割でも構わないが、そこにはある種の普遍的なフォーマットがあり、その役割を演じているだけだから個性とはいえない、ということである。もちろん、その「演じ方」には「個性」が現れる。しかし、役割を演じているという部分は変わらない。

ペルソナという用語が持つ仮面の視覚的なイメージをもっと広げてみよう。周囲に合わせるために仮面をかぶる。その仮面が「半透明の、色のついたガラス」のようなものだと考える（図5）。中心部分にはその人の「コア」となりうる部分があり、そこから周囲に向かって光が放たれている。たとえばある場面で「赤い光」の意見を言いたかったとする。しかし、場の雰囲気であったり、集まっている人の様子、相手の立場などを考え、「青い半透明の仮面」をかぶったとしよう。言いたい意見である「赤」はある程度残しつつ、「青」の仮面を通すので、光は紫色になる。確かに「真っ赤」ではない。しかし、「赤み」は残っている。状況に合わせて言い方を変えたり、表現を変えたり、タイミングを変えることを、このようなイメージとして考えてみる。

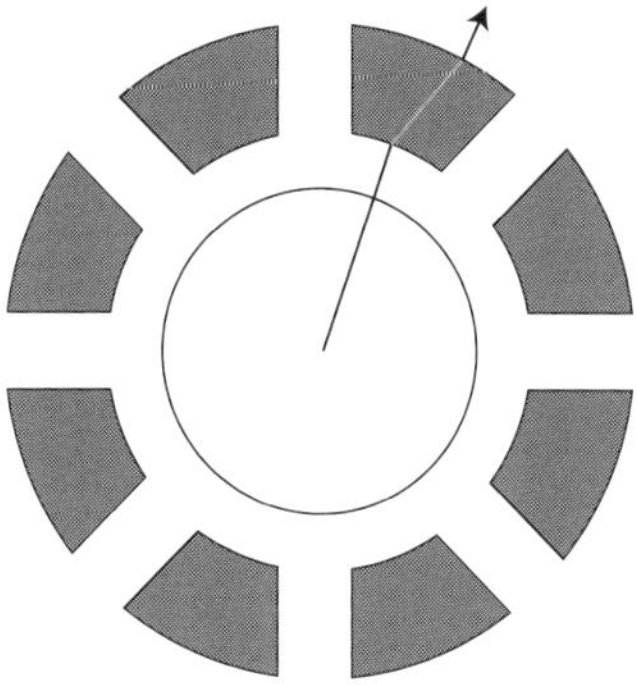
図5：ペルソナが適切なサイズの場合

では次に、仮面が分厚くなり、「コア」の周りを囲んでいる隙間もなくなるほどに肥大化してしまった状態を想像してみよう（図6）。仮面によって窒息してしまうようなイメージであ

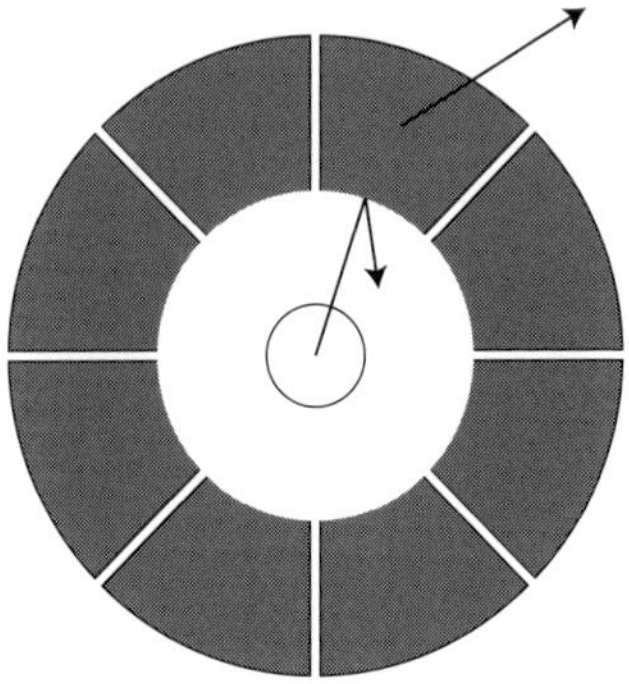

図6：ペルソナが厚くなりすぎた場合

る。「コア」の部分は周囲から流れてくる「空気」が少なくなり、青息吐息であるために小さくなってしまっている。放つ光も弱くなる。そして、仮面が厚くなっているため、そのか細い光は跳ね返されてしまう。一方、強大になった仮面は自律的に活動するようになっていて、青い仮面は、勝手に、青い光を放ちはじめる。これが「仮面が勝手にしゃべりはじめてしまう状態」だと考えてみよう。

たとえば、カラオケで無理に「歌がお上手ですね」と言わなくてもいい。「これはいい曲ですね」と言えばいい。愚直な人に対して「まっすぐな人ですよね」と言えばいい。それらは「嘘」ではないのである。あくまで「言い方」や「伝え方」の問題である。これが、ペルソナ＝仮面が適切に働いている状態だと考えることもできる。

しかしそれが過剰になれば、いわば「太鼓持ち」のようになってしまう。年長者や上役などから可愛がられることもあるのかもしれない。子どもであれば、大人たちから「いい子」と呼ばれる状態になるかもしれない。それは当初、年長者や上役や大人たちの心ない攻撃から自分自身の「コア」を守るためにまとった鎧だったかもしれない。しかし、あまりに使い勝手がいいからと、どのような状態であってもその仮面を外すことなく、密着させたままであったらどうなるだろうか。仮面が勝手に、自律的に動きはじめてしまう。これが「過剰適応」と呼ばれる状態だとしたらどうだろうか。

「コア」を守るための鎧だったはずのものが、最終的には「コア」を窒息させてしまう。かといって、鎧を全部取り払っていいものでもない。だからユングも「妥協」という言い方をしているのだろう。ある程度の「折り合い」が必要なのである。その加減が、過剰であっても、過小であっても、困難が予測される。ただし、「コア」が窒息してしまうと元も子もないので、そこまでペルソナが自律的に動いてしまうようになっている場合には、なんとかしなければならない。

過剰適応の状態にある人の夢分析を行うと、それなりに特徴的なものが出現する。それが服装に関する夢であった。たとえば、職場で過剰に「いい子」を続けてしまっており、自分自身の意見がわからなくなっている人の夢では、「葬式に出席しようとしている。喪服を着ているが、靴だけは黄色のサンダルであった」というように、「服装のちぐはぐさ」という形でメッセージが出現することもあった。他にも、あまりに自分の言いたいことを前面に出してしまう人の場合、「職場に行こうとしたら、自分がパンツ一丁の姿であった」というような夢を見る場合もあった。これはある意味では「もう少し、ペルソナを用いた方がいいかもしれない」という示唆が現れているとも考えられる。

服装はペルソナの一つの形である。私が大学で教壇に立つ際には一応「大学の教員仮面」をつけるので、服装も「ワイシャツ＋ネクタイ＋ベスト」というようなものを選択している。しかし、友人と会うときにはまた違う服装をするし、息子と遊ぶ際にも異なる服装をする。場面によって服装は切り替える。これは、ペルソナの一つのあらわれである。だから、夢の中でも、ペルソナは服装というモチーフを使って表現されることになる。

もし私が、「大学の教員仮面」が使い勝手がいいからといって、どのような場面でも同じように振る舞いはじめたらどうなるだろう。これは「コア」を守るため、ではない。あくまで「使い勝手がいいから」使い続けてしまったということである。そして、友人と会うときにも、息子と遊ぶときにも、近所に出かけるときにも、いつでもどこでも「大学の教員仮面」になってしまったら、おそらく、その仮面が私にはりつき、仮面が勝手にしゃべりはじめてしまうだろう。仮面が自律的に、勝手に動きはじめてしまうだろう。結果的に「コア」は窒息し、仮面に乗っ取られてしまう。「家に帰っても大学教員」という例として私自身を出したが、「家に帰っても警察官」「家に帰ってもカウンセラー」「家に帰っても社長」、何でもあり得るのである。仕事の上で身につけている役割は、仮面である。

仮面を欲しがる

その仮面自体が、欲望の対象となりうるのである。「声優になりたい」「漫画家になりたい」「システムエンジニアになりたい」、何でも構わない。しかし、その欲望がとても強く、そしてその役割を入手できたとき、ウキウキと仮面を「癒着」させてしまうことも考えられる。役割に、仮面に「なりきってしまう」ことが考えられる。

もし、自分自身に隠したい性質があり、華やかな仮面でそれを覆うことができるとしたらどうか。自分を見下してきた人間たちを見返すために、より華やかな仮面を手に入れたいと願っていたとしたらどうか。みすぼらしいと思っていた自分がその華やかな仮面によって高く舞い上がることができると思っていたらどうか。まるで、ドラえもんの道具である。

中井久夫は、権力について、このように定義している。

（権力欲の）快感は思いどおりにならないはずのものを思いどおりにするところにある。

（中井久夫『アリアドネからの糸』６頁）

つまり、「本来思い通りにならないはずのものを思い通りにできる力」のことが権力ということである。権力というとわかりにくいが、英語でいえばpowerである。私は、様々な権力についての定義の中で、中井久夫のものが、もっともしっくりきた。

のび太がドラえもんの道具で軽率に行ってしまう失敗の数々。それは、本来のび太には思い通りにならないことを、ドラえもんの道具はかなえてくれるからであった。そして調子に乗る。道具の力にもかかわらず、のび太は自分自身の能力そのものであるかのように振る舞い出す。それこそ、虚栄心がなす業の列挙ではないのか。その「のび太性」は、華やかな役割のようなものに対しても欲望の手を伸ばす。当然、私の中にも「のび太性」が宿っている。しかしそれこそ、私自身である。

『ドラえもん』の場合には、のび太はしっぺ返しを受け、「言わんこっちゃない」というような状態になってオチとなる。しかし、仮面を手に入れて、調子に乗って使い続けてしまった場合にはどうであろうか。『ドラえもん』のようにわかりやすいしっぺ返しではない。待っているのは、もっとジワジワと、侵食するようなしっぺ返しである。「コア」が窒息して、息も絶え絶えになり、仮面に乗っ取られるのである。

しかし、高い地位や、皆が憧れるような職業につきたいという気持ちは、それほど特異なものではない。むしろ、あまりにも一般的である。向上心とすら呼ばれる。小学生の頃から「あなたの夢は」と問われ、「ひとつだけ」の花と言われつつも、他者より勝ったものになろうとすることが称揚されもする。臨床心理士や公認心理師だって同じである。場合によっては、結婚や子どもがいることでさえ、憧れの対象となりうることもわかる。そういった「他者より優れている」と自分が価値づけをした仮面をかぶって生きる。謙虚なフリをしていても、自分の価値判断に従って、他者を見下し、自分の方が優れていると思っていることはないか？　いつ、仮面に乗っ取られてもおかしくない。いや、すでに仮面に乗っ取られていて、「コア」の部分が息も絶え絶えになっているのかもしれない。だからこそ、苦しい時間を過ごしているのかもしれない。思い当たることはないだろうか。

コラム⑦

オート・パイロット

昼の12時。喫茶店にて。70代の男性と、30歳前後の男性が向かい合っている。若い男性はスーツを着て、「営業」という出で立ちであった。老人は普段着のようであるが、清潔そうな服装をしており、知的であった。

若い男は言う。

「どれだけこの時間を楽しみにしてると思ってるんですか（笑）。一人で飯なんて食ってられないですよ」

前後の文脈はわからないが、すべてが嘘ではないことが伝わってくる。ある程度の世辞が入っていることはわかる。にもかかわらず、嘘ではない印象。

老人の携帯に電話がかかってきた。友人からのようである。その間に若い男も電話をかける。こちらの相手は仕事仲間であろう。同僚か、後輩か。上から目線の話し方はしない。まず、少し笑いを誘うような他愛のない話を振り、相手の状況を丁寧に聞き、まるで雑談のような流れの中で意図を滑りこませている。おそらく電話の相手は男性であるが、まるで誰かを口説くときのようなやり方であった。

老人は電話を切る。ほぼ同時に若い男も電話を切る。

その後、老人が、家ではネットで麻雀ゲームばかりやっているのだ、という話を自嘲気味にした。若い男

は少し間を置いて、

「玄人の力を見せつけるわけですね」

と言った。老人は照れたように顔をほころばせた。

若い男性の話術に舌を巻く。「凄い」としか言いようがない。

間を溜めすぎてはいけない。傷つけてしまうような言葉を削除している時間と受け取られかねない。かといって、間髪を入れずに反応してもいけない。それでは、反射で応えるストックフレーズだと受け取られてしまう。この微妙な間は、「ただ言葉を配列するのに要した時間」であることが示されなければならない。

ツボをおさえている。無駄な世辞はない。本当に感じたことしか口にしていない。しかもそれが、相手を傷つけないようにとか、そういう意図を一切感じさせない。そんなものはとうの昔に「自動で避けられるようになっている」ようであった。

オート・パイロット。

おそらく商談なのであろうが、売り物の内容には一切触れていない。売り物のことなどどうでもいいかのようである。そして老人の方から「明日、私の家に来ればいいじゃないか。その時に用意するよ」と言うのだった。おそらく商談成立である。にもかかわらず、若い男性は「いいんすか？　じゃあ……」と言う程度で、まるで友人の家に遊びに行くかのようだ。

しかし、何故だろう。どうして中身のない「カラ」のような感じがしたのだろう。若い男性の中で、何かがフリーズしているような、奇妙な印象がつきまとった。

ならば、「空虚ではない会話」とは何なのか。私が行う会話は空虚ではないのか。

その若い男性に、私自身にもある性質を見ていただけなのかもしれない。そして老人に、老いた私を重ねていたのかもしれない。

第8章

退屈と享楽

退屈は地獄

今日は何をしよう。授業もない。休みだ。誰かと遊ぶ約束はない。特に見たい映画もない。読みたい本もない。やりたいゲームも聞きたい音楽も特に思い浮かばない。スマートフォンを起動してSNSを見る。AIが選出したおすすめ動画を連続再生する。かといって、このまま布団の中にずっといるわけにはいかない。何か、興味を引くようなものはないか。探しに出かけよう。外に出かけよう。本屋がいいだろうか。とりあえず喫茶店に行ってみようか。電車に乗ってみようか。夜になったら誰かに連絡をして出かけようか。誰に電話をかけようか。

あまりに家の中にじっとしていると退屈が襲ってくる。ゲームをすることや動画視聴ならば、多くの人が「退屈をしのぐため」ということを想像するかもしれない。しかしそれだけであろうか。勉強や学問であっても、場合によっては「退屈をどうにかしたい」という動機が関わるのではないか。「まさにそれがしたいから」という動機もあるのだろう。しかし、退屈から脱するためにもがいていることも多いのではないか。もちろん、「退屈」をどのように定義するかによっても変わるだろう。「退屈」には、その深さがある。

無人島に放り出されて生き延びるということを考えた場合、生き延びること自体に精一杯で、退屈など感じる暇はないだろう。ただし、雨風をしのぐことができ、食料も安定的に確保できるようになったら退屈を感じはじめるだろう。そしてレジャーが考案され、勉強したい、学びたいという欲求さえ生まれるかもしれない。人間は、身体感覚をすべて剝奪する「感覚遮断実験」を行うと耐えられなくなり、幻聴や幻視などがはじまるという。入力される刺激がないのであれば自ら生成してしまう、ということなのだろう。

刺激という用語をストレスと読み替えてもいい。※1 私たちは適度なストレスがなければ生きている実感が持てない。どの程度の刺激を求めるかは人によって異なる。

ハンス・セリエは、元は工学用語である「ストレス」という用語をはじめて人間に用いた生理学者であるが、セリエは以下のように述べている。

常にある程度のストレスを経験せずに生きることはできない。重い病気や激しい身体的・精神的な損傷

※1　ストレスという用語は、基本的には「外部から与えられる圧力」のことである。工学的には「ストレスをかけつづけると、鉄骨が折れる」というように用いるらしい。そのため、「ストレス発散」という用語は少々「変」ではある。おそらく、ストレスという外来語を用いると、「鬱憤を晴らす」「憂さ晴らし」のような言葉が「ストレス発散」に置き換えることができ、表現がマイルドになるからだったのではないか、とも思う。日常用語として「ストレスが溜まった」と言う場合、そこに隠れているのは「怒り」なのであろう。あるいは単純に「疲れが溜まった」ことの言い換えであることも多い。この場合の「疲れ」は、そのほとんどが「気疲れ」である。

のみがストレスを引き起こすわけではない。交通量の多い交差点を渡ること、すきま風にさらされること、あるいは純粋な喜びでさえもストレスになりうる。ストレスは必ずしも悪いものではない。それは人生のスパイスでもあり、どんな感情でも、どんな活動でもストレスを引き起こす。

（H.Selye, *The stress of life* [2nd ed.], p. xv. を翻訳）

ペペロンチーノのことを考えてみよう。「唐辛子を入れすぎたら、辛すぎて食べられたものではない」ものになるだろうし、かといって「唐辛子をまったく入れなければ、味気ない」ものになるだろう。ストレスとは、まさに「唐辛子」だということである。ありすぎてはいけないし、なければないで、味気なくなるものだ。私たちは、適度なストレスを必要としている。辛いものを食べすぎていたら徐々に物足りなくなって激辛のものを欲するように、その度合いがエスカレートしていくこともあり得る。

嫉妬だって刺激

ストレスにもいくつか種類がある。中井久夫は3種類の「疲れ」を提示しているが、これらの原因はストレスであると考えてよい。

ドイツの精神科医ブランケンブルクによると、健康なドイツ人は「精神の疲れ」と「身体の疲れ」の区別がわかる。しかし統合失調症になるとわからなくなるそうだ。ところが日本の患者に聞くと、話が違う。患者でなくともよい。日本では、疲れは、
・あたまの疲れ（たとえば難しい数学をやったあとの疲れ）
・気疲れ
・からだの疲れ（長い道を歩いたあとの疲れ）
の三つである。／このなかで「気疲れ」がいちばん苦しく、尾を引く。（…中略…）患者でなくても、日本人は「気疲れ」がどういうものかがよくわかってる。いちばん治りが遅いことも知っている。欧米の人に説明するのに「対人関係に関係した疲れである」と言うといちばんわかる。（…中略…）サリヴァンは「精神医学は対人関係の学である」と言っているのを思い合わせたい。

（中井久夫・山口直彦『看護のための精神医学 第2版』13－14頁）

難しい数学をやることや、長い道を歩くことがストレスである。ただ、これら「あたまの疲れ」と「からだの疲れ」には情動が関わらない。「気疲れ」は「対人関係に関係した」中で起こる情動が関わる。相手が何を考えているのか、感じているのか。それを相手の行動や状況から推測し、先読みする。その上で相手の気分を害さないように、嫌われないように、喜ばせるように、行動を選択する。何が正解かわからない。ああかもしれない、こうかもしれない。自分の行動はどのように受け取られたのか。それを正直にはっきりと伝えてくれれば楽なのだが、そうはいかない。言っている言葉はイヤミ

かもしれない。反語かもしれない。遠回しに何か別のことを伝えているのかもしれない。ということは、「気疲れ」の元となるストレスは、目の前にいる相手から具体的に与えられたものではない。想像である。バーチャルなものなのだ。

対人関係の中でも身近で、深く強烈な「想像」を引き起こす状況とは、おそらく「嫉妬」である。サリヴァンは、孤独の次に強烈な負の情緒として嫉妬をあげている。※2 つまり、対人関係という刺激を剝奪された状態、つまり精神的な感覚遮断状態が孤独だとするのであれば、その次に苦しい精神的なストレスは嫉妬であるということだ。サリヴァンは嫉妬が起こる状況を以下のように記している。

《親密性の対象》同士が親密になれば嫉妬という骨を噛むような情動を発生させる。

（H・S・サリヴァン『精神医学の臨床研究』151頁）

「親密性の対象」であるので、たとえば「自分の親友と、自分の恋人が、知らないところで恋愛関係にあった」ことを知った場合に強烈な嫉妬が生まれる、ということだ。自分の恋人と通じていた相手が「自分がよく知らない人」だった場合、強烈な嫉妬にはならない。そのため、嫉妬が生まれないようにする対応策として、サリヴァンは次のように記す。

人格のかなり〔つまり前青春期水準まで〕成熟した人は、並行していくつも親密な友情を持つ傾向をみせない。もしそういうことがあれば空間的に非常に大きく分散した場合である。つまり、本当におどろくほど成熟した人格の船員で文字通り〈いくつかの港ごとに一人ずつ細君を置く〉のは想定可能な事態である。現実的だからだ。しかし、かなり成熟した人間で、しかも、たとえば同じ町の中で二人の人と完全に並行してきわめて強い親密関係を持っている人間が大勢いるという方がおられても私は信用しない。だからこの〔二人と別々に水入らずになるという〕潜在的嫉妬の場に巻き込まれる確率の大きさは、その人が成熟したというか適当な人格装備を持つ、その程度と反比例する。

（同前　１５０－１５１頁）

親密な人同士が出会うことをそもそも避ければいい。そのためには一つのセクションで同時に２人以上と深く親密にならなければばいい。ある意味では極論である。ただ、社内恋愛、サークル内恋愛、学科内恋愛、クラス内恋愛など、親密な関係性がいくつもある中で恋愛関係が発生すると、嫉妬が引き起こされる可能性が高まることは十分想像できる。そのような集団の中で恋愛関係になり、別れたあとは「気まずく」なってサークルなどへの参加が遠のくということも頻繁に見られるが、その根底には嫉妬も関係しているのではないかと思う。

相思相愛だと思っていた相手が、実は他の人のことを好きだった。それは、いわば「残念だったね」

※２　嫉妬は、『新明解国語辞典』では以下のように記されている。
《嫉妬：それまでいだいていた優越感・愛情・独占感が突如他にしのがれるようになったことに気付いた時に感じる、ねたみの気持。》

という話なのだ。それ以上でも以下でもない。悲しい、寂しい、で終わるはずだ。しかし、嫉妬が引き起こされる際に体験する、狂気に引き込まれるほどの激しい情動はなんであろうか。そのほとんどは「怒り」に通じていると思われる。つまり、相手の気持ちが、自分の「思い通り」ではないのである。だから相手が「自分のことだけを好きでいる」ようにコントロールしたくなる。そのコントロールが及ばないと、さらに嫉妬が激しくなる。

まるで天気を変えようと努力するかのようだ。今、窓の外は雨が降っている。「なぜ晴天ではないのだ！」といきり立てば、私は天気に腹を立てることさえできる。もし雨が降っていてピクニックに行けないのであれば、「残念だったね」という話なのである。天気に腹を立てる必要はない。しかし、「もし晴天だったら」「もしピクニックに行っていたら」という想像が働く。理性の働きによって、バーチャルな情報が目の前に展開する。それと、部屋から雨を眺めながら一人で過ごしている現状を比較する。そして腹を立てる。

天気に腹を立てるだけでも退屈をまぎらわすことはできるだろう。しかし、あなたは本当にそんなことがしたいのか。

未熟な状態ならば目先の欲望に負けて、嫉妬に巻き込まれることもあるのだろう。少しでも深く考えることができる人の場合は、嫉妬が起こる状況を避ける。しかし、その刺激の強さを知ってしまった場合、むしろ嫉妬に巻き込まれることを望むことも考えられる。虚無とも呼べるような強烈な退屈を感じてしまう人の場合、プラスであろうがマイナスであろうが、強烈な刺激によってごまかしたくなることは想像できる。ある種の精神的マゾヒズムは、そのように理解することもできるのだろう。

それまでは相手に対して自分が独占していると思い、愛情が向けられていると感じていた。そのように世界が見えていた。しかし、実は違った。そのことに気がついたときに、強力に沸き起こる気持ちが嫉妬ということ。出来事自体は一つであるにもかかわらず、本人の想像しているように世界が見えていた。それが打ち砕かれる。

徐々に、刻一刻と変化している愛情を如実に感じ取っていたならば、そこまで強力な嫉妬は沸き起こらないのかもしれない。私はそう思う。やはり、「突如」気づいたからこそ、身もだえする強烈な嫉妬の苦しみを覚えるのではなかろうか。

モラヴィア『倦怠』

強烈な退屈に対抗し得る、刺激としての「嫉妬」。これが主題として扱われている小説がある。アルベルト・モラヴィアの『倦怠』というイタリアの小説だ。原題は *La Noia*、直訳すれば「退屈」である。ただ、モラヴィアが小説内で定義する「倦怠」はやや特殊だ。

コップだとたしかに自分で認識しているかぎりは、そのコップと私とはなんらかのつながりを持ち、そのコップが存在すること、それにともなって、私も存在することを信じることができる。だが、（…中略…）

そのコップの生気がしおれ、失われるか、あるいはまた、私とはなんのつながりもない、何か見慣れないもののように思われると、ひとことで言えば、不条理なものとして私にうつると、その不条理さから倦怠が生じ、それは結局（…中略…）なんとも伝達不可能な、そこから抜け出ることの不可能な状態となるのである。

（アルベルト・モラヴィア『倦怠』10頁）

コップの生気がしおれてしまうこと。自分となんのつながりもない、何か見慣れないもののように感じる瞬間。カフカの『城』や『流刑地にて』、あるいはカミュの『異邦人』を読んでいるときに得られる印象にも近い。不条理、そこから生まれる虚無感。個人の性質によるものか、環境によるものか、あるいはその相互作用なのか。いずれにしても、精神的な感覚遮断に近い状態だと考えることもできる。この倦怠から、なんとか脱出するにはどうしたらいいのかと、主人公はもがく。

『倦怠』の主人公は35歳の、金持ちの家庭に生まれた男性である。にもかかわらず、わざわざ貧乏な一人暮らしをしながら抽象画を描いている。仕事はせず、母親に金をせびりに行く。父親は他界しているが、母親は着実に財産を増やしているために、恐ろしいほどの金持ちである。

主人公は金を忌み嫌って母親に反発し、金などいらないと言いながら生活している。とはいえ、主人公には最終的に逃げ込む先がある。実家が金持ちであることによって、結局本当の貧乏にはなれないということを自覚している。乗っているボロ車も、金持ちの嗜みでわざわざ質素なものを選んでいるだけであって、壊れたら豪華なスポーツカーに替えることもできる。

主人公は自分の倦怠が「金持ちである」ことからくるのだろうと思っていた。そして倦怠をやり過ごすために絵を描きはじめたが、その程度ではどうにもならない。そしてある偶然からチェチリアという16歳の女性と関係を持ちはじめる。チェチリアは、主人公と同じアパートに住むバリストリエーリという65歳の老画家がぞっこんになって金を浪費しつくし、最後は腹上死した、その原因である女性であった。チェチリア本人は意図していないが、関係した男たちは何らかの形で狂っていく。チェチリアは主人公と同時に他の男と関係を持つ。主人公は心をかき乱され、嫉妬に狂う。

しかし嫉妬の最中、倦怠が起こらないことに気づく。

倦怠。それは「凄まじい退屈」だと考えていいだろう。生命の根源から切り離されてしまうこと。そのレベルの退屈には、相応の刺激が必要になるということだろうか。確かにそうかもしれない。ただ、生きている中で虚無を感じることなど、一般的なことなのだろうか。生きるということそのものに必死だった時代には、そのような虚無を感じることはなかったかもしれない。だが「金持ち」になったとき、生きること自体に必死になることができなくなってしまう。現代の日本に生きる私たちはどうか。もちろん、生きるために必死にならざるを得ない場合もある。ただ、雨風をしのぐことができ、家電製品が整い、パソコンやスマートフォンがあって、食料にさほど困らない状況にあるとしたら、それはまるで「金持ち」の状況ではないか。戦後直後の日本と現在の日本を比較してもいい。『倦怠』の主人公が感じるような倦怠を、現代日本に住む人々がどこかで感じていたとしても不思議ではない。

ドストエフスキー『罪と罰』

「露骨に言うと――わたしは非常に退屈しているんですよ」。これは、ドストエフスキー『罪と罰』における、スヴィドリガイロフという登場人物のセリフである。スヴィドリガイロフが何者であるかは後ほど説明するが、まずそのセリフから確認しよう。スヴィドリガイロフは、主人公のラスコーリニコフに以下のように語る。

「来世には、蜘蛛かそんなものしかいないとしたら、どうだろう」と彼はとつぜん言った。
《この男は気ちがいだ》とラスコーリニコフは思った。
「われわれはつねに永遠というものを、理解できない観念、何か途方もなく大きなもの、として考えています。それならなぜどうしても大きなものでなければならないのか？　そこでいきなり、そうしたものの代りに、ちっぽけな一つの部屋を考えてみたらどうでしょう。田舎の風呂場みたいなすすだらけの小さな部屋で、どこを見ても蜘蛛ばかり、これが永遠だとしたら。わたしはね、ときどきそんなようなものが目先にちらつくんですよ」

（ドストエフスキー『罪と罰　下』21－22頁）

ここでは来世や永遠という観念について語られているが、これを「退屈」しているときの心理描写として読むこともできる。とはいえ、もしこれが退屈の比喩なのであれば、その強度が尋常ではない。永遠の命を与えられてしまった上で、地球も滅び、太陽も死滅した後に宇宙をさまよっているかのような虚無感。それは『倦怠』の主人公が感じる退屈のレベルを遥かに凌駕する。

退屈を紛らわせるための刺激は嫉妬だけではない。人を愛することも、慈善事業も、宗教的行為も、知的興奮も、殺人行為も、どんなことでも刺激である。一つの強度が小さかったとしても、過剰に貪ればその強度が上がる。「蜘蛛の部屋」のような虚無を打ち消そうとするのであればかなりの強度の刺激が必要になる。プラスのものもマイナスのものも、すべての刺激のバリエーションを貪ることを徹底するとどうなるか。それらの刺激に溺れることなく、貪り続けた場合に人間はどうなってしまうのか。ドストエフスキーの導き出した一つの解答が『罪と罰』の登場人物、スヴィドリガイロフなのであった。

それは五十がらみの男で、背丈は中背よりやや高く、でっぷりとふとって、広い肩がいかっているために、いくぶん猫背に見えた。しゃれた服をゆったり着こなしていて、堂々たる紳士という風采である。手にはみごとなステッキをにぎっていて、歩道を一歩あるくごとにコトコト鳴らし、その手は真新しい手袋につつまれていた。頬骨のはった大きな顔はかなり感じがよく、顔色はつやつやして、ペテルブルグの人間らしくなかった。頭髪はまだ非常に濃く、きれいな薄亜麻色で、ほんのわずか白いものがまじっていた。スコップのようにはば広く垂れた濃い顎鬚(あごひげ)は、頭髪よりもひときわ明るかった。空色のひとみは冷たく、鋭く、そして深く、唇は真っ赤だった。どうみてもこれはすこしも老いを

感じさせない男で、年齢よりもはるかに若く見えた。（ドストエフスキー『罪と罰 上』４２６−４２７頁）

この男が、まるで「仮面」のような顔で、妻を毒殺し、主人公ラスコーリニコフの妹ドゥーニャをかどわかし、慈善事業も行う。あまりにも不気味な登場人物である。小林秀雄によると、ドストエフスキーはノートの中に以下のような記述を残しているという。

「情熱的な荒々しい衝動。冷眼もない、絶望もない、バイロンによって表現された様なものは何一つない。享楽と飽満とに対する限りない満足する事を知らぬ渇望。生きようとする止むに止まれない渇望。享楽と飽満との多様性。完全な自意識とあらゆる享楽の解剖。而もこの解剖は天性自らの要求、有機体の要求であるから、享楽の解剖によって衰弱を感ずるという事がない。芸術的な享楽は遂に繊巧極まるものとなるが、同時に獣的なものとなる。というのはまさに限界のない獣性は繊巧と結びつくという理由による（生首）。心理的な享楽、神秘的な享楽（夜）。僧院の懺悔の享楽（厳格な断食と祈り）。乞食の享楽（施物を求める）。ラファエルのマドンナの享楽。窃盗の、強奪の、自殺の享楽（卅五歳で財産を相続した。それまでは先輩を恐れる教師であり官吏であった——寡婦）。教育の享楽（彼が勉強するのはそれ故だ）。善行の享楽」（小林秀雄『ドストエフスキイの生活』３８５−３８６頁）

この着想がスヴィドリガイロフという登場人物に結晶したと小林秀雄は解釈する。そして「この様な言葉を骨格とした人物とは一体どの様な人間であるか。というよりどの様な怪物であるか」と続ける。

享楽家スヴィドゥリガイロフ、毒害を享楽し、暴行を享楽し、幽霊を、懺悔を、同情を、愛を、自殺を享楽する男。而も享楽に関する執拗な自意識が、享楽の陶酔を全く許さぬ男。限界のない獣性が繊巧にまで達した様な男、こういう男の顔が仮面に似ずしてどんな生き物に似ていようか。限界のない享楽は仮面と結ぶ、虚無と結ぶ。ドストエフスキイの著想中における享楽という言葉は言わばこの世の意味を消失しているのである。

（同前　３６７−３６８頁）

『罪と罰』の終盤、スヴィドリガイロフはドゥーニャを部屋に監禁し、煽って、ピストルで撃たせようとする。しかし、ドゥーニャはピストルを投げ捨てる。ドゥーニャに殺人はできない。その後、スヴィドリガイロフは飲み屋へ出向く。そこにいる皆に酒を振る舞う。

スヴィドリガイロフはカーチャにも、手風琴ひきにも、唄うたいたちにも、給仕にも、どこかの二人連れの書記にも、酒を振る舞った。彼がこの書記たちに特に親しみを感じたのは、二人とも鼻が曲っていたからだった。一人は鼻柱が右に、もう一人は左に曲っていた。これにはスヴィドリガイロフもおどろいた。

（ドストエフスキー『罪と罰　下』３９９頁）

とてもではないが、他殺してもらおうとして失敗した直後の心理描写とは思えない。しかも、この

2人の書記に親しみを感じた理由が「一人は鼻柱が右に、もう一人は左に曲っていた」から、という恐ろしく浅薄なものなのである。ただ目に入ったものに、自動的に引き寄せられているだけであるかのような状態だ。興味があるわけではない。ただ、反応してしまう。

彼の享楽の実行並びにそのアナトミイは既に行く処まで行っていた。「が、露骨に言うと――わたしは非常に退屈しているんですよ」、而もこの退屈は彼の理智や感性を少しも鈍らせてはくれなかった。あらゆるものが彼の興味を惹かなかった。併しあらゆるものに興味をもつ振りをする能力は生き生きと彼のうちに生きている。言わば興味の対象は一切その意味を失い、興味だけが存するとでもいう様な精神の地獄こそ、スヴィドゥリガイロフが背負わされた作者の着想なのだ。

（小林秀雄『ドストエフスキイの生活』391頁）

「興味の対象は一切その意味を失い、興味だけが存するとでもいう様な精神の地獄」。強烈な表現である。何かに意味のある興味を持てないということ。興味を持つ、というベクトル、矢印の力だけが残っている状態。スヴィドリガイロフが感じているものは「退屈」なのであった。ただしその「退屈」は「蜘蛛の部屋」レベルのものである。スヴィドリガイロフのあり方は、それこそ「怪物」であるため、現実の人間に当てはめることは難しい。

しかし、このような構造は、それほど馴染みがないものであろうか。スマートフォンを握っているとき、パソコンを開いているとき。私たちの注意はあちこちに飛ぶ。ネットでいろいろなものを検索し、SNSを見る。メールやメッセージの着信がちらつき、動画が気になる。それぞれの「情報」はほとんどジャンクだったとしても、私たちの興味のベクトルだけは常に活動「させられている」。見たい映画は本当に見たいものなのであるか。食べたいものは本当に食べたいものなのか。私たちがしていることは、させられていることは、ある意味ではスヴィドリガイロフ的な状態ではないのか。

「呪い出された」スヴィドリガイロフ

若松英輔『井筒利彦　叡智の哲学』によると、《イギリス人の書いたドストエフスキー論中「一番面白かったもので」、「最も特色のあるもの」と小林（秀雄）が評したのはJ・M・マリの『ドストエフスキー』である》という。マリは以下のように記している。

彼がこの世に呪い出した——この言葉を熟慮の末に用いるのだが——霊どもに思いをはせるとき、ときおり感覚を絶した恐怖に襲われるのだ。恐るべき一瞬のあいだ、私は永遠の眼で事物を眺めるかと見えて、日も星も冷えゆくのを見、荒涼として氷結した宇宙を音もなく横ぎって呼び合う声のこだまを聞く。（…中略…）そして私は、思うだにぞっとする——いつかこれらの霊どもが人間の姿をとって人々のあいだをさまようのではないかと恐れるのだ。

（J・M・マリ『ドストエフスキー』泰流社　25頁）

スヴィドリガイロフはドストエフスキーの新しい言葉であった。この性格の創造によって、彼独特の事業が始まったのである。彼はこの観念をかつて夢想だもされなかった高さと深さとに発展させ、それを磨き上げ、いよいよ現実的なものとして、ついに人間的なものと人間的ならぬものとが混淆してしまう観を呈するまでにいたらしめることになる。／だからしてわれわれは是が非でもスヴィドリガイロフを理解しなければならないのだ。彼は暗黒の底から呪い出された一個の怪物かもしれぬ。（同前　95頁）

「呪い出す」という強い言葉が用いられているが、原文でもthe spirits which he has conjured upとなっている。conjureは、超自然的な力や呪術によって異界のものを召喚するという意味であるから呪い出すという表現で間違いない。

ドストエフスキーが「呪い出した」からこそ、現世において存在しはじめたエネルギーなのかはわからない。あるいは、元からあったものを、ある意味では手に取ることができる、名付けられた存在として物語内に登場させてしまったことにより、読者が意図的に扱えるようになったということはあるだろう。または、「見霊者」ドストエフスキーが予見した、その後人類が直面するであろう負のエネルギーだったのかもしれない。

井筒俊彦は『ロシア的人間』の中で、ドストエフスキーがペテルブルグを舞台とする理由について以下のように解釈する。「ドストイェフスキーは人間の運命を、人間のあらゆる生活形態の中で最も自然性から遠く距った大都市の、薄ぎたない薄暗い巷に追求する」。都市には人工物が多く、自然なものが少ない、という特徴はあるだろう。そして、人工性に囲まれた都市的環境では「他の一切の存在とのつながりを断ち切られて、人間はただ人間だけで存在している」。さらにドストエフスキー作品中の登場人物全般について、以下のように続ける。「彼らの胸には自意識以外の何もない。美しい自然の祭典に、うつろな絶望のまなざしをじっと注ぎながら、彼らは自分の『隅っこ』に身を固くしてうずくまる」「彼らには人を愛するということができない。自分の中に閉じこもり自分をすら愛することができない」。それは「他人を愛するとは人間が自分の外に出て行くこと」だからである。

ドストエフスキーの作品における都市性と、現代における都市性を直接的に比べることは困難ではある。しかし「他の一切の存在とのつながりを断ち切られて、人間はただ人間だけで存在している」という性質は考慮に値する。井筒俊彦はここで宗教的な意味を想定している。つまり、神との接続を断ち切られた状態というものを想定している。

私たちには直近に「つながりを断ち切られ」た体験がある。コロナによる自粛期間。不登校・ひきこもりは、ほぼ同様の状態であると考えることもできることはすでに述べた。もちろんこれは宗教的な断絶の体験ではない。あくまで、人間同士の物理的接触が絶たれたというだけのことだ。ただ、対象の意味がほとんどコンピューター越しに見るジャンクであったとしても、私たちの中の興味関心に関するベクトルだけが存在していることを如実に感じた人はいなかったか。無「意味」にネットサーフィンをして、無「意味」に書き込みをして、無「意味」に動画を漁っている自分の様子を、客観的に眺めてしまう時間があったのではないか。それは「地獄」ではなかっただろうか。

その結果、今までごまかされていた「蜘蛛の部屋」に、強制的に気づかされてしまった人もいたのではないか。

井筒俊彦は「自然性から遠く距った」と記しているが、私はこの自然という表現を、物理的な木々や河川のことではなく、あくまで象徴的なものであるととらえたい。以下は、河合隼雄が自身の受け持ったクライエントとの関係の中で出てきた体験談である。

両親が暴力をふるってくる子どもに向かって、自分たちがこれまで何でもお前の欲しいものを与えてやってきたのに、何が不足で暴れるのかと尋ねた。それに対して子どもは、「うちには宗教がない」と答えたのである。このように子供が発言してくれたのは、この子が随分とよくなってきているからであり、普通はなかなかこのような表現もできず、本人でさえ何が不足であるのかはっきりとは解っていないことが多い。しかし、この子のように明確に言われた場合、多くの日本の家庭においては、答に窮するのではなかろうか。子どもが「宗教」と言っていることは、単に葬式を仏教でするかどうかなどというのではなく、もっと本質的な問いかけであることはもちろんである。（河合隼雄『子どもの本を読む』3－4頁）

本質的な問いかけとは何か。宗教という言葉は religion を翻訳した単語だ。religion の原義は、re-lig、「再び、つなぐ」という意味である。つながりを絶たれた状態である私たちが、再び、そのエネルギーに接続すること。それを神と呼んでも、浄土と呼んでも、異界と呼んでも、集合的無意識と呼んでも構わない。

私たちが目にしているものは、眼球が受信できる範囲の光が網膜に結んだ像である。紫外線、赤外線は受信できない。目が感じ取ることが可能な動体の速度にも限界がある。音だって、音域が決まっている。すべて、「センサー」としての身体を通して感じ取るしかない。ダニにとっての世界と、スズメにとっての世界と、人間にとっての世界は「見え方」が異なる。センサーの性質が異なるのであるから仕方がない。物理的な現象であっても、私たちは、センサーを通して受信したデータを解析し、脳で再構築している。まるで、火星探査船から外に降りられない状態で、様々なセンサーを通してデータを集め、その数値から火星の状態を再構築しているかのようである。

物理的な世界でさえその状態であるが、「目に見えない」世界についてはどうなのか。他者の感情、他者の記憶、他者の思い。自分の感情、自分の記憶、自分の思い。それらも、物理的なセンサーを通して得られるデータから推測しているのではないのか。ならば、その推測をしている主体は、一体何なのか。

それを「こころ」と呼んでも「たましい」と呼んでもいい。そんなものは存在しないという意見もあるだろうし、それも物理的な処理の結果や過程だという意見もあるだろう。私にはわからない。ただ私としては、火星探査船に乗った「主体」のようなものが、私の中にはあるように感じられている。

火星探査船の中で得られるデータが「すべて」であるとみなしている状態から、「地球」に戻ろうとすること。たとえ戻れないとしても、地球のことを考えるということ。地球で暮らしていたときのことを思い出すこと。それが religion、re-lig、「再び、つなぐ」ということなのではないか、と思う。実際に火星から地球に戻ることができないとしても、そして火星を探査することだけが手に取ることができる唯一の現実であったとしても。

私たちは「地球」から切り離されてしまっている哀しさを、刺激への耽溺でごまかしてはいまいか。

過剰な数値を集めることで、「地球」を思うことをやめてしまっていまいか。スヴィドリガイロフならできるのかもしれない。そして私たちは、むしろ、「スヴィドリガイロフになること」を推奨されている。動画サイトを見ていて、そこに挿入される多数の広告のことを考えてみてもいい。広告の対象に意味などなくても構わないのである。広告を見た者の興味のベクトルを活性化し、惹きつければいい。広告主も儲かり、動画製作者も儲かる。儲かって手に入れた「数字」としての金銭で、さらにベクトルを活性化させればいい。それが「正しい」ことだ。神などいない。あの世などない。現世のみ。どうせ死ぬ。だったら豪華に、生きている間に「やりたいこと」をやればいい。

そして私たちは、「蜘蛛の部屋」を見ることになる。

スヴィドリガイロフが自殺直前に見た夢

スヴィドリガイロフの自殺直前に見た夢は興味深い。夢から覚めたと思ったら、まだ夢を見ていた。それから覚めたと思ったら、まだ夢を見ていた。三重の夢である。※3

A：ネズミが身体を這い回る夢

B：美しい花に囲まれた、自死をした美しい少女の横たわる柩を見る夢

C：娼婦の顔をした5歳の女の子に手を伸ばされる夢

これらがすべて「ひとつの夢」なのである。内容もさることながら、延々と醒めない、夢なのか現実なのかが判別できなくなっていく構造全体が極めて不吉だ。ネズミというワイルドな動物性、美しい少女や5歳の女の子という存在が、それぞれ歪な形であらわれている。AからCに進むに従って、集合的無意識の深層へと潜っていくとするのであれば、死の直前に視たのは、娼婦の顔をした5歳の女の子という、スヴィドリガイロフの歪んだ魂のあり方なのかもしれない。スヴィドリガイロフ自身にとって、意識できていない、スヴィドリガイロフの側面そのものでもある。

少女は眠っていないで、眠ったふりをしていたらしい。たしかに、そのとおりだった。唇に微笑がみなぎりはじめた。まだ堪えようとしているらしく、唇のはしがひくひくふるえている。だが、少女はもう堪えるのをすっかりやめてしまった。これはもう笑いだった。明らかな笑いだった。そのまるで子供らしくない顔には、何かずるいそそるようなものがきらきらしていた。それは淫蕩だ、娼婦の顔だ、フランスの淫売婦のあつかましい顔だった。もう少しもかくそうとしないで、二つの目がぱっちりと開いた。そしてその目は恥じらいを知らぬ燃えるようなまなざしで彼を見まわし、彼を誘い、彼に笑いかけている……その笑いには、その目には、少女の顔にあるそのいやらしさには、何かしら限りなくみにくい、

※3『罪と罰　下』（新潮文庫）の413－419頁にある。かなりの長さにわたる夢だ。

痛ましいものがあった。《どういうのだ！　わずか五つくらいの少女が！》スヴィドリガイロフは腹の底からぞうッとして、呟いた。《これは……これはいったいどうしたことだ？》だが、少女はもうその小さな顔をすっかり彼のほうへ向けて、両手をさしのべているではないか……《あ、このけがらわしいやつめ！》と、手を少女の上に振り上げながら、スヴィドリガイロフはぎょッとして叫んだ……そのとたんに、目がさめた。

（ドストエフスキー『罪と罰　下』418－419頁）

身体は成熟していないのに、性的に成熟した行為を行う歪み。それがスヴィドリガイロフの生き方にカウンターとして働く何らかのエネルギーならば、それは一体何なのであろう。そして朝もやの中、スヴィドリガイロフは散歩でもするかのように見知らぬ豪邸の門番のところへ行き、ニコニコしながら話しかけ、誰かに聞かれたらアメリカに行くと言っていたと答えてくれ、と言い残して、ピストルで自分の頭を撃ち抜く。

彼は身の破滅を待ったのだ。ドゥニャの愛ではない、ピストルの丸である。而もドゥニャのピストルの丸ですらない。彼は何んでもいい、他人の手による身の破滅を待ったのだ。自分の手による身の破滅に関しては、彼は既にその秘密を極めつくしていた。自殺とはもはや正体は見当のついている彼に残された一つの享楽にすぎぬのである。読者は彼がこの最後の享楽をどのくらい味も素っ気もなく遂行したかを読んだ筈だ。ただ霧の深い夜明けがあり、木偶坊の様な番兵がいただけであった筈だ。

（小林秀雄『ドストエフスキイの生活』390－391頁）

これが意識によって、理性によって、行き尽くすところまで行った者の末路だとしたらどうか。知恵の実を食べたことが罪だというのであれば、たしかに罰といえる。「罪と罰」とは、ラスコーリニコフが高利貸しの老婆を殺害した罪と、それに伴う罰のことだけではない。スヴィドリガイロフほど空虚な状況で生き続けることによってもたらされる実感は、強烈な孤独である。

　ドストイェフスキーの主人公達が背負わされているこの宿命的な孤独は、もちろん、人間的実存の孤独なのであって、外面的孤独、つまり、人がたった独りでいるという外部的な事情とは全然違う。彼らは内的に呪われた人間であり、それが彼らの孤独なのである。だからこの孤独は彼らとともに動き回って、彼らの行くところ、彼らの留るところ、いつどこでも、暗い呪詛の影を彼らの上に投げかける。「隅っこ」とか「部屋」とかいうのはそれの象徴である。（井筒俊彦『ロシア的人間』２２２−２２３頁）

　巷間に生きながら牢獄の中に居続けるようだ。誇張した表現かもしれないが、「現代」の、特に都市部に生きている私たちがどこかで感じているものの形だとしたらどうだろう。「孤独」と、インターネットでの他者とのつながりを熱望すること、自身の成功や充実をアピールすることなどの根本に、「外面的孤独、つまり、人がたった独りでいるという外部的な事情とは全然違う」ものがあるとしたらどうか。

　これを解消することはできないだろう。しかし、誰かと一緒にいるということで和らぐものではない。

エリクソンは、不眠症のケースに関する記録部分で、以下のような文章を挿入している。

夜、睡眠によって正常な感覚を回復したり、夢によって情緒を回復したりすることは、不眠症のために妨げられた。

（E・H・エリクソン『アイデンティティ――青年と危機』79頁）

原文は以下の通り。

Insomnia hindered the nightly restoration of sensory screening by sleep and that of emotional rebinding by dreaming.

（E. H. Erikson, *Identity Youth and crisis*, p.66）

rebind なので、バラバラになってしまった部分を「もう一度（re）」「綴じ直す（bind）」というイメージだろう。ルーズリーフがバラバラになっている状態を今一度まとめ直すようなものだろうか。

興味深い記述だが、エリクソンは夢と情緒の回復についてはある種の一般論のような形で挿入するにとどめ、理論を展開してはいない。

五感に関していえば、睡眠によってダメージが回復することはわかる。そして私の実感としても、夢が情緒を回復する、ということは当を得ていると思う。たとえ日常では情緒を切り離して生きていたとしても、夢の中では相当量の情緒が動いている。だからこそ、夢分析は有効に働くという部分もあるのだろう。覚醒している際に夢を再検討するため、夢を見ている最中ほどではないにしても、情緒の動きが取り戻される部分がある。
自死の直前、スヴィドリガイロフは夢によってどのような情緒を回復したのであろう。もう rebind は不可能だったのであろうか。手遅れだったのだろうか。

残り半分

まず、井筒俊彦がドストエフスキーの作品について記述している部分をお読みいただきたい。

キリーロフの木の葉の意味が本当に分れば、すでに世界の意義の半分は分ったも同様なのである。イヴァンの場合でもそうだった。だからイヴァンの言葉を聞き終わったアリョーシャは、「兄さんの仕事はもう半分は出来上がっています。今度は残りの半分をものにすることだけが必要です、そうすれば、きっと兄さんは救われます」と言ったのだった。しかしキリーロフもイヴァンもこの「後半分」でつまずいてしまう。

（井筒俊彦『ロシア的人間』２３２頁）

キリーロフは『悪霊』における登場人物で、神が存在しないのならば、自ら命を絶つことを怖れずに遂行することによって自身が神となる、という主義の持ち主である。また、イヴァンは『カラマーゾフの兄弟』における登場人物で、自分が救われるために子どもが苦しむことが必要であるなら、謹んで天国行きのチケットをお返しするというような、ある意味神の存在を前提とした上で反神論を説く人物である。どちらも、神に逆らう存在として描かれている。アリョーシャも『カラマーゾフの兄弟』の主人公であり、イヴァンの弟だ。ロシア正教会における修道院でのゾシマ長老を慕い、宗教的に存在することを求道し続ける者である。アリョーシャは、兄イヴァンが「半分」で止まっていることを、苦しんでいることを感じ取る。キリーロフもイヴァンも、それぞれのやり方で、スヴィドリガイロフ的な状態から抜け出るためにもがいている人物だと考えていい。そしてどちらも、理性によって乗り越えようとしている。半分まではそれでいい。しかし、「後半分」はそうではない、とアリョーシャは言う。

井筒俊彦が言うように、いわばキリーロフやイヴァン、ラスコーリニコフの「わが意志は万物を獲得すべしとの決意の、年をとってもすこしも鈍らなかった男」として、スヴィドリガイロフがいる。意識の権化。コントロールの鬼。いわば「後半分」を無視し、しかもそこで潰えることなく「救われ」ない方へ邁進した状態がスヴィドリガイロフである。

「後半分」とは何か。容易につかみとることはできない。おそらく、「誰かに愛されること」ではなく、「誰かを愛すること」が必要なのであろう。そのためもあって、ドストエフスキーは『カラマーゾフの兄弟』において、アリョーシャを主人公として何かを描きたかったのではないかと思う。ただ、現存する『カラマーゾフの兄弟』は、未完なのである。『カラマーゾフの兄弟』の序文をそのまま受け取るのであれば、ドストエフスキー作品中最長の小説であるにもかかわらず、なんとこれで「前置き」

なのである。残念ながらドストエフスキーは『カラマーゾフの兄弟』を「完成」させることなく亡くなってしまった。青年アリョーシャが中年になったときにどうなっているのか、それは示されていない。しかし、どうなのだろう。その「後半分」は、私たちが、自分自身で見いださなければならないのではないか。

私たちは答えを欲しがる。どうしたらよいのか、そのやり方を、具体的に、誰でもできるやり方で示してほしいと願う。しかも、できるかぎり効率よく。おそらく、そのように志向する時点で、「救われる」道から脱落する。ドストエフスキーは、誰かを救うために『カラマーゾフの兄弟』を記したわけではないだろう。むしろ、ドストエフスキー自身が救われるために必死にもがいた結果、たまたま残されたものなのではないかとも思う。私たちは、スヴィドリガイロフ的なあり方を意識し、それに対抗するために、自分自身の『カラマーゾフの兄弟』を見いださなければならない。

だから、ある意味ではドストエフスキーは、かなり具体的に「戦い方」を示してくれた。ただし、同じようにはできない。そこが重要である。同じように戦うことは誰にもできないのだ。一般化した、真似できる「やり方」は存在しない。私は、私なりに、私ができることを通して、もがかなければならない。あなたは、あなたなりに、あなたができることを通して、もがかなければならない。私の世界とあなたの世界は、似ているけれど異なる世界なのだ。ある程度参考にはなっても、そのままの形で取り入れることはできない。

知識と性欲を身につけた小学生

知識と性欲を身につけた、中身が小学生のままの者。私が、自分自身のことを考えるときに浮かぶ一つのイメージであった。私だけのことではない。私が知っている多くの「大人たち」を考えるとき、このイメージから離れることはほとんどない。私も含めて、皆、知識と性欲を持った、大人のフリをした小学生たちではないのか。身につけたものが知識でなくても構わない。腕力、体力、技術、金、地位。小学生のときに持っていなかったものなら何でもいい。ただし、性欲だけはある程度共通する。

車を購入して、カスタムし、耽溺する。それとミニ四駆を購入し、カスタムし、耽溺することと、どれほど違いがあるのだろうか。

高いカメラを購入して、手入れをし、撮影に出かける。あえて1930年代のレンズを購入して最新のデジカメに装着する。それで写真を撮影して、SNSで自慢する。新しいゲーム機を買って友だちに自慢することとどれほど違いがあるのだろうか。

金を稼ぐこと。その金額を、数値として自慢すること。地位を自慢すること。ゲームにおけるスコアアタックとどれほど違いがあるのだろうか。

おそらく、あまり変わらないのだろう。だから開き直って小学生のようなことを堂々としていればよい、という話ではない。

私たちは刺激に囲まれている。本当に興味関心はなくとも、興味を向けるというベクトルだけは生きている。ベクトルが動かなければ退屈を感じる。

そして「蜘蛛の部屋」を垣間見る。

「知識と性欲を身につけた、中身が小学生のままの者」とは、スヴィドリガイロフが見た夢に登場する「身体は成熟していないのに、性的に成熟した行為を行う少女」の、ある意味では「逆」のパターンである。スヴィドリガイロフは中年男性であるため、少女という属性も「逆」だ。つまり、この少女の姿は、スヴィドリガイロフの鏡像、影、シャドウであるとも考えられる。それならば、その姿はスヴィドリガイロフ自身の半身ということになる。汚らわしいと、払いのけてはいけなかった。排除しようとしてはいけなかった。むしろ、抱きしめなければならなかった。愛さなければならなかった。

スヴィドリガイロフもまた、「知識と性欲を身につけた、中身が小学生のままの者」なのだろうか。おそらくそうなのだろう。再度、井筒の言葉を引用する。

ドストイェフスキーの主人公達が背負わされているこの宿命的な孤独は、もちろん、人間的実存の孤独なのであって、外面的孤独、つまり、人がたった独りでいるという外部的な事情とは全然違う。彼らは内的に呪われた人間であり、それが彼らの孤独なのである。だからこの孤独は彼らとともに動き回って、彼らの行くところ、彼らの留るところ、いつどこでも、暗い呪詛の影を彼らの上に投げかける。「隅っこ」とか「部屋」とかいうのはそれの象徴である。（…中略…）彼らの胸には自意識以外の何もない。美しい自然の祭典に、うつろな絶望のまなざしをじっと注ぎながら、彼らは自分の「隅っこ」に身を固くしてうずくまる。だから彼らには人を愛するということができない。自分の中に閉じこもり自分をすら愛することができない。(…中略…)他人を愛するとは人間が自分の外に出て行くことだ。ドストイェフスキーの「旧い人間」達にはそれができない。だから彼らはいずれも例外なしに愛の不能力者である。

(井筒俊彦『ロシア的人間』225頁)

「隅っこ」から、「部屋」から出るためには、誰かを愛することが必要だ。なるほど。口にするのは簡単である。しかし、それを本当に実行できるのだろうか。

愛すること

「愛」について考えるとき、私はいつもエーリッヒ・フロムの言葉を思い出す。

幼児の時の愛は〈私は愛されているゆえに愛する〉という原則に従っている。成熟した愛は〈私は愛するゆえに愛される〉という原則に従っているのである。未成熟の愛は〈私はあなたを必要とするゆえに愛する〉といい、成熟した愛は〈私はあなたを愛しているので、あなたを必要とするのだ〉という原則に従っているのである。

（エーリッヒ・フロム『愛するということ』68頁）

私の「愛する」の定義は「誰かを愛するとは、その相手にあばたがあるからエネルギーをかけない、という選択肢を排除すること」だ。「あばたもえくぼ」ということわざがあるが、これは「恋に落ちていると、相手の吹き出物であっても、まるでえくぼのように魅力的に見えてしまう」ことを指している。恋に落ちたときの状態については、スタンダール『恋愛論』について記された、以下の文が参考になる。

ザルツブルグの近郊には、岩塩の鉱山がたくさんあります。その、岩塩を掘っている洞の中に小枝を投げ込んでおくと、半年ぐらいの後には、微量の湿気とともにその枝についた塩分が固まって、見事な塩の結晶で小枝は覆われて、まるでひと塊の宝石のようになるそうです。／スタンダールは、片想いが、その対象をいかに美化するか、ということをこの鉱山での現象をひいて、「結晶作用」と云いました。／つまり、恋に落ちた人間の感情というのは、大きな岩塩の洞のようなものです。／そこに恋する人、つまりは片思いの対象である相手が、小枝として投げ入れられる。／すると本来、小枝でしかない相手が、みずからの恋情から分泌されたエキスによって、大変美しい結晶にまで育ってしまうのです。／この話で、スタンダールは、何を云おうとしているのでしょうか。／それは、けして、恋をしているうちに相手を美化してしまい、その価値を過大評価してしまうから気をつけましょう、という話ではありません。／もちろん、美化をしてしまうことについて、多少の意識が必要であることはたしかです。／でも、スタンダールの論点は逆で、ただの小枝に、かくも多くの結晶を付してしまうことのできる、恋の、あるいは人間精神の、比類ない力を見出しているのです。／だからこそ、恋は素晴らしい、と。

（福田和也『悪の恋愛術』64－65頁）

ここに記される「結晶作用」が、いわば「あばたもえくぼ」のことだ。しかし「愛する」とは、「恋」ではない。相手のことを「好き」であるとき「だけ」のものではない。親が子を愛するというとき、子どものことを「片想いの相手のように好き」であることはない。親子喧嘩をすれば腹が立つこともあろう。嫌いになる瞬間だってあろう。しかし、それにもかかわらず、あたたかいご飯を用意し、風呂を準備し、着替えを用意する。好き・嫌いに関係なく、継続する具体的な行為自体が「愛する」ということだ。「愛する」とは情緒のことではない。「動詞」なのである。

では「私は愛されているゆえに愛する」とはどういうことか。いわば「おっぱいが飲みたいから母親を大切にする」というような構造であり、これが未成熟な愛の形式なのだった。

一方、母親はおっぱいを「与えている」。まず、具体的に「愛する」行為を行う。それは子どもから「愛される」ためではない。子どもに対して具体的におっぱいを与えるという「行為を行うため」に、子どもが必要なのだ。行為が成立するためには対象が必要になる。これが、成熟した愛の形式の雛形である。

おっぱいを与えるだけにとどまらず、「愛する」行為が様々な広がりを伴い、「私はあなたを愛しているので、あなたを必要とするのだ」という形をとる。それが「成熟した愛」ということになる。

スヴィドリガイロフには、このような意味での「愛する」行為を表出することができない。いや、スヴィドリガイロフだけではない。井筒は記す。《他人を愛するとは人間が自分の外に出て行くことだ。ドストイエフスキーの「旧い人間」達にはそれができない。だから彼らはいずれも例外なしに愛の不能力者である》と。

ならば、私たちはどうか。

私は褒められたい。認められたい。慰められたい。よしよしと頭をなでてもらいたい。頑張ってるね、偉いね、凄いね、素敵だね、カッコいいね、優しいね。そう言われたい。たくさん、たくさん、受け取りたい。他者を褒めても、認めても、それは表層的なもの。フリ。ニセもの。

わかっている。ドストエフスキーでさえ「後半分」の先に到達できなかったではないか。私は前半でさえ終えられていない。これは理屈でとらえるものではないのだろう。実感しなければならない。実践しなければならない。まずは「前半分」を自分なりに尽くすこと。そして、具体的行為を継続することを通して、誰かを愛すること。

現状の自分は、小学生のまま、誰かから愛されることを求めている。泣きじゃくっている小学校低学年の男子。その少年が、知識と性欲を身につけた。実にグロテスクな姿である。しかし、それが私なのだ。まずそれを認めること。「もう大人になったのだ、私は誰かを真に愛することができるのだ」などと思い込まないこと。認めたくなくても、知識と性欲を身につけただけの小学生であることを認めること。そこからスタートすること。

私には難しい。まったく簡単なことではない。技術的に、ニセの形であったとしても、他者を愛する行動を継続することが困難である。あなたはどうだろうか。あなたは、誰かのことを「真に愛する」ことができるのだろうか。あなたはもう、大人なのだろうか。

コラム⑧

偉そうにする

文房具売り場にて。

父親と、幼稚園年長ぐらいの男の子が2人で何かを探している。あらかじめ、何かを買ってもいいと決まっているようだった。男の子は塗り絵コーナーで色々探している。そこに母親がやってきて、「あっち、見たら?」と言う。父親は母親に対して言った。「どうして自分の価値観を押し付けるの? 全然わかってない」。母親の顔も見ない。偉そうな言い方だった。母親は不服そうだ。「だって、あっち、まだ見てないし……」。父親はかぶせるように「全然わかってない」と繰り返す。子どもはじっと、動かなくなった。母親は「じゃあ、私が持ってくる」と言って、異なるジャンルの知育系玩具を持ってきた。

その父親に対して思った。「どうしてそんなに偉そうにできるの……? たまたま、自分が男の子に寄り添うことができている感じがしただけでしょう……? 実際には、男の子が、父母の険悪そうな様子を見て、なんとか調整しなければ、と母親が持ってきたものにも興味を示し、かつ父親にも気分を害さないように、これも欲しい、と言ってるじゃん。だとしたら、全然わかっていないのは、あなたも同じじゃないか」。

しかし、やはり、私も「そういうことをしてしまう」のである。

たとえば、学生が私のことを「立ててくれている」ときに、その学生に対して同じようなことをした。学生は、この母親と同じである。偉そうにしている私を「立ててくれている」だけだ。しかし私のことを指摘してくれる人はその場にいなかった。私は気づかなかった。

もし文房具売り場で、私がその父親に対してこう言ったらどうなっただろうか。

「いやいや、あんた。むしろ子どもがあんたに気を遣ってるじゃん。ぜんぜんわかってないのはあんただろ」


多分、私に対して腹を立てただろう。喧嘩にもなっただろう。しかし、そういう「腹を立てるぐらいの出来事」があったら、いずれ「もしかして……」と気づくことがあったかもしれない。

しかし、私は何も言わなかった。そんなことを言ったら子どもに余計に気を遣わせることになる。子どもの前で父親に恥をかかせることになる。私は見ず知らずの人と喧嘩をする気もない。

そのまま、そっとその場を立ち去った。

そのとき、私は一歳の息子を抱いていた。私は今後、自分より年下の人、学生、妻とやりとりするとき、私の隣に「一歳の息子を抱いた私」がいることを思い描こう。一歳の息子を抱く私が、今の私に対して何を言おうとしているのか。それをいつも思い出すことができれば、私も少しは「ダサいこと」をしなくて済むかもしれない。

あの父親は、少なくとも、子どもの気持ちになりきろうとする素養があったのだ。いつか、気づいてくれることを祈る。そのときが、なるべく早く来ることを願う。

おわりに

最後までお読みいただき、誠にありがとうございます。

この本は、編集をしてくれた長尾勇仁さんがまだ学生の頃、私の前著『狂気へのグラデーション』をお読みになったことからはじまりました。その後、編集者になった長尾さんが、私の書いた新しいエッセイを読みたいと、会いに来てくださったのでした。本当にありがたいことです。

当初私は、書き溜めていたエッセイを編集して一冊にまとめようと思っておりました。しかし2020年より前に記していた文章を読み返してもしっくり来ないのです。何か、私の考え方の根本的な部分が変化したようでした。それは新型コロナの蔓延という状況が影響していたのかもしれませんし、単純に私の年齢的な問題なのかもしれません。いずれにしても2020年以前に記した文章は「ニセもの」のように感じられてしまったのでした。

一年以内に書き上げられるかと思っておりましたが、そうはいきませんでした。私自身の「ニセ」の部分をえぐっていく必要があり、それはかなりキツいものでした。ニセの自分を脱却し、本当の自分になるためには何をすればいいのか、その具体的な方法について期待されていた人には本当に申し訳なく思っております。私にはそのような内容をお示しすることができませんでした。

この本に書いた内容は、「ニセの」「本当の」という二項対立で考えている以上「本当の自分」には到達できないらしい、ということばかりです。玉ねぎをむいていくようなもので、「ニセもの」から順番にはぎ取って行ったとしても、最後には何も残りません。知識としては知っておりました。古来よりよく言われることだからでもあります。しかし、自分で真剣にむいてみてはじめて実感できたことでした。

そして結論は、「ニセであろうがなんであろうが、他者を愛することが必要だ」ということでした。狂気ではないとは、他者を愛せること。ニセではないとは、他者を愛せること。そして私には、それがうまくできません。

いつか、「どうすれば他者を愛せるのか」が書ければよいと思っております。しかしそのためには、私が「誰かを愛せる」ようにならなければなりません。しかも、それが「自分としては他者を愛しているつもり」ではいけないのです。他者が「愛された」と感じられないのなら、ただの独りよがりです。とても、道のりが遠い。

私には子どもも妻もいます。学生も受け持っています。クライエントもいます。見よう見まねであっても、「愛する」行為を出せなければなりません。せめて、ニセの部分を大量に抱えていることを意識した上で、本物であると思い込まず、できる限り「愛する」行為を継続するしかありません。できているかどうかは、私と接した人に判断してもらうしかないのでしょう。

今回の内容は、この2年の間に私の勉強会で話させていただいた内容をもとにしております。私の話を聞いてくださった学生の皆様、卒業生の皆様、私の原稿をお読みいただいた友人、編集の長尾さん、そして執筆を励ましてくれた妻と息子たちに、深く感謝申し上げます。

参考文献

第1章

G・H・ミード（河村望訳）『「デューイ＝ミード著作集」精神・自我・社会6』人間の科学社
岸田秀『ものぐさ精神分析』中公文庫

《コラム1》
パスカル（前田陽一・由木康訳）『パンセ』中公文庫

第2章

ショーペンハウアー（橋本文夫訳）『幸福について　人生論』新潮文庫
サリヴァン（中井久夫・宮﨑隆吉・高木敬三・鑪幹八郎訳）『精神医学は対人関係論である』みすず書房
ヒルティ（草間平作・大和邦太郎訳）『幸福論（第二部）』岩波文庫
ジョージ・サイモン（秋山勝訳）『他人を支配したがる人たち――身近にいる「マニピュレーター」の脅威』草思社文庫
サリヴァン（中井久夫・山口直彦訳）『精神医学の臨床研究』みすず書房
中井久夫・山口直彦『看護のための精神医学 第2版』医学書院
オスカー・ワイルド（仁木めぐみ訳）『ドリアン・グレイの肖像』光文社古典新訳文庫

第3章

E・H・エリクソン（岩瀬庸理訳）『アイデンティティ――青年と危機』金沢文庫

吉本隆明『改訂新版　共同幻想論』角川ソフィア文庫
岸田秀『唯幻論始末記――わたしはなぜ唯幻論を唱えたのか』いそっぷ社
Marcia, J.E. "Development and validation of ego-identity status." *Journal of Personality and Social Psychology.* Vol.3, pp.551-558.
《コラム3》
E・アロンソン（岡隆訳）『ザ・ソーシャル・アニマル［第11版］』サイエンス社
中井久夫『アリアドネからの糸』みすず書房
岸田秀『ものぐさ精神分析』中公文庫

第4章

横井軍平・牧野武文『横井軍平ゲーム館』ちくま文庫
《コラム4》
内田樹［編著］『転換期を生きるきみたちへ』晶文社
内田樹『困難な成熟』夜間飛行
池田修『教師になるということ』学陽書房

第5章

井筒俊彦『意味の構造　井筒俊彦全集第十一巻』慶應義塾大学出版会
R・D・レイン（天野衛訳）『引き裂かれた自己』ちくま学芸文庫
リップマン（掛川トミ子訳）『世論』（上下巻）岩波文庫

《コラム5》
村田沙耶香『コンビニ人間』文春文庫
泉流星『僕の妻はエイリアン――「高機能自閉症」との不思議な結婚生活』新潮文庫
テンプル・グランディン、マーガレット・M・スカリアノ（カニングハム久子訳）『我、自閉症に生まれて』学研プラス
ドナ・ウィリアムズ（河野万里子訳）『自閉症だったわたしへ』新潮文庫
フィリップ・K・ディック（阿部重夫訳）『ジャック・イジドアの告白』ハヤカワ文庫SF
ダニエル・キイス（小尾芙佐訳）『アルジャーノンに花束を』ハヤカワ文庫NV

第6章

B・L・ウォーフ（池上嘉彦訳）『言語・思考・現実』講談社学術文庫
ヒルティ（草間平作・大和邦太郎訳）『眠られぬ夜のために 第一部』岩波文庫
白川静『字通』平凡社
岸田秀『続　ものぐさ精神分析』中公文庫
岸田秀『ものぐさ精神分析』中公文庫
H・S・サリヴァン（中井久夫・宮﨑隆吉・高木敬三・鑪幹八郎訳）『精神医学は対人関係論である』みすず書房
H・S・サリヴァン（中井久夫・松川周二・秋山剛・宮﨑隆吉・野口昌也・山口直彦訳）『精神医学的面接』みすず書房
E・アロンソン（岡隆訳）『ザ・ソーシャル・アニマル［第11版］』サイエンス社

第7章

C・G・ユング（松代洋一・渡辺学訳）『自我と無意識』レグルス文庫
中井久夫『アリアドネからの糸』みすず書房

第8章

H. Selye, *The stress of life* [2nd ed.] . McGraw-Hill.
中井久夫・山口直彦『看護のための精神医学 第2版』医学書院
H・S・サリヴァン(中井久夫・山口直彦・松川周二訳)『精神医学の臨床研究』みすず書房
アルベルト・モラヴィア(河盛好蔵・脇功訳)『倦怠』河出文庫
ドストエフスキー(工藤精一郎訳)『罪と罰』(上下巻)新潮文庫
小林秀雄『ドストエフスキイの生活』新潮文庫
若松英輔『井筒俊彦　叡智の哲学』慶應義塾大学出版会
J・M・マリ(山室静訳)『ドストエフスキー』泰流社
河合隼雄[著]、河合俊雄[編]『〈子どもとファンタジー〉コレクション1　子どもの本を読む』岩波現代文庫
井筒俊彦『ロシア的人間』培風館
E. H. Erikson, *Identity Youth and crisis.* NORTON(E・H・エリクソン『アイデンティティ――青年と危機』金沢文庫)
エーリッヒ・フロム(鈴木晶訳)『愛するということ』紀伊國屋書店
福田和也『悪の恋愛術』講談社現代新書

稲垣智則（いながき・とものり）
1978年生まれ。上智大学文学部心理学科卒業、上智大学文学研究科心理学専攻博士前期課程臨床心理学コース修了、上智大学文学研究科心理学専攻博士後期課程単位取得後退学。臨床心理士・公認心理師・博士（心理学）。スクールカウンセラーや教育相談所相談員などを経て、現在東海大学ティーチングクオリフィケーションセンター准教授。著書に『狂気へのグラデーション』（東海大学出版部、2016年）。

「ニセの自分」で生きています
心理学から考える虚栄心

二〇二三年四月一五日　初版第一刷発行

著　者――稲垣智則
発行者――大江道雅
発行所――株式会社 明石書店
〒一〇一-〇〇二一 東京都千代田区外神田六-九-五
電　話　〇三-五八一八-一一七一
ＦＡＸ　〇三-五八一八-一一七四
振　替　〇〇一〇〇-七-二四五〇五
https://www.akashi.co.jp

装幀　清水肇（prigraphics）
印刷・製本　日経印刷株式会社

（定価はカバーに表示してあります）
ISBN 978-4-7503-5528-3